Richard Ossoma-Lesmois

Amours sous confinement Covid-19

Richard Ossoma-Lesmois

Amours sous confinement Covid-19

Éditions Muse

Cover image: Fourni par l'auteur

Publisher:
Éditions Muse
is a trademark of
Dodo Books Indian Ocean Ltd., member of the OmniScriptum S.R.L Publishing group
str. A.Russo 15, of. 61, Chisinau-2068, Republic of Moldova Europe
Printed at: see last page
ISBN: 978-620-2-29976-3

Richard OSSOMA-LESMOIS

Amours sous confinement Covid-19

DU MÊME AUTEUR :

À petit feu ;

Haro vicieuses torpilles ;

Perle de foyer ;

Maison de la femme Kintélé ;

Stigmatisée, Drépa saute la vie ;

Passion et idéal panafricains pour la recherche, l'éducation et la culture de paix en République démocratique du Congo, Professeur Émérite Anicet Mungala 1944-2014 ;

Et si on modernisait la fonction publique congolaise ?

Antoine Ndinga Oba
Homme de terroir, éducateur, diplomate, africanité au Congo-Brazzaville 1941-2005 ;

Attrape et farce de monarque Congo ;

Bannir la polygamie au Congo,
combat de la députée-maire Stella Mensah Sassou Nguesso
volume 1 ;

Bannir la polygamie au Congo,
combat de la députée maire Stella Mensah Sassou Nguesso
volume 2 ;

Papa à quel prix ?

Envoûté par sa djellaba ;

Franchir le pas ;

Fresque congolaise ;

Retourné ;

Se réaliser par la rumba congolaise ;

Intégré puis astreint,
Guytho maire de Blois.

Remerciements à :

Claire Caillemet, Docteure en Sciences de langage, Écrivaine, Professeure de Lettres modernes ;

Wils Bérangine Bonghale, Directrice agence le Rocher Communication Paris ;

Stella Mensah Sassou Nguesso, députée maire de Kintélé, présidente du Conseil municipal, auteure de la proposition de loi abolissant la polygamie au Congo-Brazzaville.

1

Coup de tonnerre après le divorce

Claimelle, ma nouvelle rencontre. Au téléphone, nos conversations s'éternisaient. Envie de plaire ? Attirer en vendant sa générosité, son ouverture d'esprit à la formation d'une relation amoureuse. Une relation pleine de confiance et de complicité, d'attention et de franchise. Une relation stable et durable. Tout ce que recherchait une femme meurtrie par les blessures de cœur, abîmée par les déceptions successives de la part d'hommes indélicats de passage à raturer sa vie de femme amoureuse. Claimelle croyait au miracle de l'amour. Seulement, l'amour ne restait pas longtemps dans sa maison. L'amour quittait sa maison quelques années seulement après l'avoir égayée. Une première fois, par sa vie de couple ; une deuxième fois, par son mariage. Laissant sur ses bras, une petite fille dans un premier temps. Puis, deux petits garçons dans un second temps. À chaque fois, l'incompatibilité de caractères invoquée pour casser la relation entre Claimelle et ces deux anciens compagnon et mari, pères de ses trois enfants. Avec l'un comme avec l'autre, ils avaient emménagé pour une vie de couple et de famille. Après quelques années de bonheurs partagés, des chagrins essuyés, ils se séparaient. Le gâchis ! La famille formée et recomposée s'éclatait. La désolation ! Claimelle vivait seule avec ses enfants. Responsable principale des enfants, elle les portait. La maman guidait les pas de ses deux garçons, veillait à l'épanouissement de sa fille. Les échecs enchaînés la dissuadaient de se poser à nouveau avec un homme. Claimelle souffrait d'un manque criard d'affection. Son cœur brisé plusieurs fois criait l'amour. Claimelle ne le recevait pas en retour. Un paradoxe qu'elle supportait au quotidien avec amertume. Au point de s'endurcir dans son célibat.

Claimelle ne revendiquait pas sa solitude. Elle en parlait le moins possible à sa sœur, à ses amis, à ses proches. Se refugiant sous l'ombre d'une femme au foyer, mère attentionnée élevant seule ses enfants, Claimelle se débrouillait toute seule. Elle occupait ses journées et ses nuits. Claimelle entendait chanter l'amour à la télévision. Elle observait s'exprimer l'amour aux arrêts de bus, à la galerie du centre commercial, aux rayons des boutiques qui la distrayaient à faire son shopping, derrière les caisses du supermarché qu'elle fréquentait. Bref, en dehors de sa maison. Vivre malgré les déconvenues sentimentales essuyées durant les années n'était pas lourd à supporter au quotidien. Le moral forgé à accepter ses limites, Claimelle s'accrochait aux branches d'affection donnée par quelques rares amis. Elle demeurait à la croisée des sentiments dans le marché de l'amour et du sexe, persistait à avancer. Vivant une espérance continuelle. Le moyen efficace de voiler sa souffrance psychique et son mal être. Continuer à vivre malgré tout. L'espoir faisait vivre. L'abandon de foyer qu'elle vivait, elle et ses enfants, de la part tour à tour de son ancien compagnon et son ex-mari, n'asséchait pas les brins d'amour qui germaient dans son cœur. Certes, les séparations la choquaient profondément. La cause péremptoire de son divorce avec le père de ses enfants. Par le fait, Claimelle s'endurcissait dans ce format de solitude. Après tout, elle s'en sortait bien avec ses enfants, se relevait après chaque chute, bravait les remarques de ses sœurs, résistait aux moqueries des amis et autres femmes du voisinage. D'autant qu'elle ne fermait pas le registre des femmes vivant dans cette situation d'affaiblissement psychique. Claimelle donnait le meilleur d'elle-même pour conserver ce qu'il lui restait comme atouts dans le marché de la séduction et la jungle des sentiments. Malgré le coup du temps s'abattant sur son corps, Claimelle aguichait. Elle savait sur jouer les atouts de sa féminité. Une touche de tentation qu'elle exploitait au moment opportun : s'accorder des petits plaisirs ; recevoir rarement un ou deux hommes sélectionnés à la maison pour un repas convivial. Les hommes qui profitaient de son hospitalité, abusaient des grâces qu'elle donnait. Ils faisaient tout pour revenir. D'aucuns forçaient la familiarité. Désabusée, Claimelle les repoussait. Claimelle devinait les hommes par son charme. Mais elles les maintenait à distance par crainte de souffrir des nouvelles blessures de cœur.

Le fardeau de la vie forgeait son caractère. S'occuper avec ses deux garçons et sa fille harassait. Claimelle attendrissait ses enfants. Un réconfort pour cacher son amertume. Les avances sans pertinences des chercheurs des plans d'un soir ou des plaisirs charnels surtout éphémères ne l'intéressaient pas. Elle esquivait les blagues basses des hommes qu'elle croisait sur son chemin. Habituée à entendre les mêmes dragues, les propos sexistes partout où elle allait pour ses affaires au quotidien, madame opérait des classifications. Des hommes regroupés dans sa tête selon le type de blagues basses ou de dragues qu'ils lançaient à son endroit. En cochant les hommes dans les cases de son formulaire de personnes indélicates, Claimelle encourait de passer à côté d'une belle histoire. Cela ne l'effrayait pas. L'usure causée par les déceptions répétées la vaccinait des personnes qui accompagnaient mal dans la vie. De toute façon, rater une histoire d'amour n'était pas une si grande perte. Claimelle ne cherchait pas l'amour. L'amour avait déjà quitté son esprit. Inversement, la célibataire ne fermait pas son cœur à rencontrer quelqu'un. Elle aménageait une petite ouverture dans son cœur pour recevoir son chevalier blanc, celui qui saurait lui parler. Justement, j'avançais à petits pas dans ce sens. J'entonnais mes partitions pour l'attitrer sur mon chemin à l'écho de mes paroles attendrissantes. Je la rassurais pour subvenir à ses besoins. J'osais l'amour avec Claimelle.

De mon côté, je ravalais ma fierté. Je ne me considérais pas meilleur mari. Ayant lamentablement échoué à mon mariage, je gonflais la liste d'acteurs ratés dans la vie de couple et de famille. Mon comportement répréhensible à maints égards. La résistance de Claimelle à mes avances m'intriguait. Sa franchise corrigeait mon emballement. Claimelle repoussait mes velléités à varier mes sapidités[1]. Elle me dévoilait sa personnalité chaque jour. Une femme disposée à recevoir l'amour. Une femme gentille, couveuse de son mari. Claimelle songeait enflammer ses nuits avec moi à ses côtés. De même, je me félicitais de trouver une femme à ma pointure. Je comprenais ses attentes et me préparais à remplir ses journées et ses soirées. Pour l'heure, tout se passait au téléphone entre Claimelle et moi.

Je mesurais ses attentes. Claimelle, une femme luttant contre son mal être. Constamment en quête d'un sens à sa vie. Tant qu'elle respirait l'amour, Claimelle espérait. Du moment qu'elle souffrait et soufflait dans les sentiments, Claimelle ne baissait pas la garde face à l'avenir. Elle attendait son heure de gloire. Son élévation avec la demande faite par celui qu'il attendait. Certaine que par le mouvement d'alignement des astres en sa faveur, son chemin croiserait le chemin de l'homme de sa vie. Donc, madame se préparait à accueillir l'homme qui frapperait à nouveau aux portes de son cœur. Comme une joueuse de poker, elle croyait à sa chance, observait son étoile, tirait sa carte avec moi au téléphone.

Jamais trois sans deux. Cette troisième fois était la bonne. Pour cela, elle n'avait pas tort. L'amour se définissait aussi par ce souffle qui maintenait en vie. Comme me l'indiquait Claimelle loin à Nîmes, je ne voulais pas laisser filer cette aventure. J'osais l'amour. Conquérir Claimelle à 400 kilomètres de Paris ne m'effrayait pas.

Dans l'état actuel de ma solitude, je me permettais quelques insouciances. Je colorais ce bon récit de vie. Cette fois, les pages mélangeant un amour lointain et des sentiments proches animant deux personnes qui auraient dû se rencontrer plus tôt. Mais les caprices du destin en avaient décidé autrement. La faute à l'expression précoce des passions et au temps. Les deux acteurs expérimentaient un amour à distance parfois virtuel. Ils s'aimaient encore plus, à cause de la distance qui leur était imposée par les circonstances du confinement.

Les deux acteurs avaient tant de choses en partage. Ils exprimaient leurs sentiments seulement au téléphone. La conséquence des échecs avant de se rendre compte de la richesse et les profondeurs d'un amour véritable. Les secrets d'une complicité réelle formée avec la personne désirée. Le plaisir procuré par la fusion avec l'être affectionné.

L'amour subsistait en temps de guerre. À certains égards, l'amour vainquait la guerre. Puisque les gens survivaient à la guerre et perpétuaient l'affection. La désolation laissée par la propagation du Covid-19 se heurtait à la résurgence des sentiments que je partageais avec Claimelle. Bien conscients du danger représenté par la circulation virale, nous nous entêtions à écouter nos cœurs. Nous nous laissions emportés par nos sentiments. Je courais après l'amour que Claimelle me vendait à distance. Je tentais l'expérience par cette flamme qui s'allumait devant le vide de ma vie depuis la consommation de mon divorce. Mais j'avançais avec

[1] Du même auteur : *Bannir la polygamie au Congo, combat de la députée maire Stella Mensah Sassou Nguesso Volume 2,* Edilivre 2019.

mes recettes du passé. Carrent des nouvelles choses à proposer à Claimelle. De quoi changer mon logiciel !

Certes, ma blessure provoquée par l'échec de mon mariage n'était pas encore cicatrisée. Je feignais de jouer les durs extérieurement. J'étais gravement affecté intérieurement. J'abordais Claimelle en invoquant mon intention de me remarier. Comme si ma malheureuse expérience passée ne me renseignait pas suffisamment sur les contraintes d'une vie de couple cadenassée par les liens rigides du mariage. Un peu débile comme attitude pour un caïd immature. Vouloir à tout prix me remarier ! Un comportement d'enfant gâté, insouciant des conséquences désastreuses que je venais de subir en sortant d'un mariage. Aujourd'hui, je suis psychiquement atteint tout autant que mes enfants. Je relativisais en invoquant un faux pas dans la vie. Je sollicitais pour me refaire, une seconde chance.

Assez prudente, Claimelle stoppait immédiatement mon obsession à me marier. On ne badinait pas avec l'amour. Au point d'avoir des sentiments envers une femme en envisageant à tout prix se marier. Le mal être vécu ne se dissipait pas par le fait de s'engager à travers une nouvelle union. Il fallait prendre le temps de faire le point de tout ce qui n'avait pas marché. Réaliser une introspection. Un profond examen intérieur pour résorber les effets du divorce et préparer l'esprit à affronter la nouvelle vie qui s'ouvrait. Les sentiments éprouvés par le passé méritaient d'être sauvegardés au registre des souvenirs. Par contre, Claimelle préférait une relation simple, semblable à une union libre. Une relation sans pression partucilère. Une relation plus souple à expérimenter, plus facile à rompre. Savourer l'instant présent, au lieu de se précipiter à formuler des vœux de fidélité et d'amour difficilement tenables dans la durée. Claimelle parlait en connaissance de cause. La meilleure manière d'évaluer les risques et se prémunir des insécurités futures, se confondait à vivre l'instant présent. Profiter à fond, du regain de liberté et de temps ; savourer les petits bonheurs manqués. D'ailleurs, mes blessures de cœur cicatrisaient lentement. Le nom de mon ex-femme revenait souvent dans ma bouche. Claimelle le remarquait. Je lui donnais tous les détails à propos de mon ancienne vie amoureuse. Au point qu'elle se demandait ce que mon ex-femme avait bien pu me faire pour que je n'oubliasse pas son nom. Claimelle ne me le reprochait pas. Je n'appréhendais pas les torts que je lui causais. Une maladresse des débuts de connaissance encore excusable ces premières heures de notre relation à distance. Effectivement, Claimelle ne passait pas sa rapière sur mes écarts de jugement. Elle m'observait. Je parlais comme si le fait d'avoir divorcé me conférait un acquis supplémentaire dans les relations amoureuses existantes ou à bâtir. Claimelle écoutait mes propos puériles. Elle y décelait mes lacunes concernant la façon dont je traitais les femmes une fois entrées dans ma maison. Mes hésitations à ne pas couper les ponts avec la mère de mes enfants n'enchantaient pas Claimelle. Avertie que les échecs du passé ne se corrigeaient pas avec les mêmes acteurs, Claimelle me forçait à jeter l'encre pour accoster plus près de son cœur et respirer ce nouvel air qu'elle répandait dans mon esprit. Je ne comprenais pas sa stratégie.

Tous les deux, nous sortions des ruptures. Après le temps des bonheurs et des apparats vécus pendant nos mariages, nous voilà abîmés par les séparations douloureuses. Nous incarnions cette union entre deux êtres imparfaits et affreux pour l'avenir. Nous sautions par-dessus l'hypocrisie collective opposée par notre voisinage, nos amis, nos proches. À l'égoïsme des uns et la vanité des autres de se conforter à ce qu'ils avaient obtenu à la fois de la collectivité et la vie, nous jetions un regard différent vers l'avenir. Parce que nous devenions des êtres fragiles à cause des circonstances du confinement et la recherche d'un amour tous risques ces temps-là. La menace du Covid-19 dans l'air rendait notre relation incertaine.

En revanche, par notre attention l'un envers l'autre, puis aux personnes autour de nous criant l'affection et la solidarité, nous cultivions la foi en la vie. Nous mesurions l'importance de préserver les acquis de l'existence en adoptant des comportements nouveaux. Nous traduisions le respect et la considération mutuels. Des comportements intégrant l'existence des inégalités de situations aussi. Nous caressions la sagesse par la prise en compte de la dureté que nous imposait le Covid-19. Nous nous posions en toute sérénité pour la reprise.

Les désolations laissées par le fait d'avoir vécu un amour dévoyé. Nous cumulions des échecs à nos premières unions. Sans faire le bilan des ratés de nos premières vies, nous nous engouffrions dans la brèche des sentiers menant inéluctablement à une relation amoureuse. Inconscients des impacts engendrés par une vie de couple encadrée par les vœux de fidélité, de disponibilité, d'attention mutuelle, de complicité. Chacun trainait son fardeau d'échecs. La honte de n'avoir pas pu sauver son mariage, préserver sa famille. Chacun se refugiait derrière la diligence envers ses enfants. Chacun plongeait dans ses remords, se morfondait dans son chagrin. Et en même temps, chacun s'aménageait quelques excuses, entrevoyait des petits succès à venir. La crédulité que la vie continuait. Des nouveaux sentiers de bonheur à explorer qui s'ouvraient. Beaucoup des meilleures choses arrivaient. On ne désespérait pas puisque l'amour continuait. Chacun encaissait le coup des amours manqués, des choix désolants dans des relations sans soutien mutuel réel. L'avenir indiquait un rebond dans la vie grâce à l'amour. Justement en amour, il n'était jamais trop tard pour bien faire les choses. La raison pour laquelle je m'accrochais aux branches de l'affection que m'indiquaient mes échanges avec Claimelle.

Mes conversations téléphoniques avec Claimelle miroitaient un amour certain. Je saisissais ma chance. Comme à tous débuts, notre relation enchantait les lendemains. Semblable à la brillance des pétales des roses qui s'épanouissaient sur un rosier. Des milliers de baisers dans la semaine, des câlins du matin à répétition, des mots doux sans fin, des petites attentions continues, des passions torrides. Se mettre l'eau à la bouche constamment pour soigner les apparences. Des rencontres chez des amis ; beaucoup d'autres moments intenses. Claimelle exultait d'avoir trouvé un homme à sa pointure. Pour ma part, je trouvais le remède à mon mal être : la femme qui remplaçait mon ex-femme[2].

Je croyais au miracle de l'amour. Je reprenais goût à la vie. Je souriais continuellement à distance sous l'écho de la voix mélancolique de Claimelle. Je l'entendais me guider. Je l'écoutais prier. Je la pressentais radieuse. J'avais hâte de la voir, ma future femme. Car entre nous, l'alchimie s'était produite assez rapidement. En conversant au téléphone avec Claimelle, je décrétais vite qui devenait ma prochaine femme. J'agissais sous la tourmente des sentiments. Ignorant les bascules liées aux retours des vieux démons, les réserves imposées dans l'esprit d'une personne traumatisée par les déconvenues sentimentales passées.

La magie du téléphone me ressortait les bienfaits de l'affection. L'être aimé, quoiqu'à 400 kilomètres, se cachait en moi. Je la découvrais, marchais à sa rencontre. Encore quelques jours et puis, tout se jouait à Nîmes ; le voyage de l'amour. Je fusionnais avec la chair de Claimelle. Je me revigorais de sa sensualité pour un instant inhabituel. Ensemble, nous cultivions notre érotisme sans briser l'interdit. Jusqu'à quand durait mon fantasme ? Je l'ignorais. L'outil de communication suspendait mon aventure. Difficile de me séparer de mon appareil d'appels. De cet appareil dépendait mon humeur de la journée. Claimelle appelait, j'étais de meilleure humeur. Claimelle n'appelait pas de la journée, je me contrariais. Comme un adolescent accroché aux nouvelles tendances de discussions et de partages entre amis et inconnus dans les réseaux sociaux et les forums en ligne, je ne me séparais plus de mon téléphone portable. Je le gardais toujours avec moi ou tout près de moi. Surveillant l'écran au moindre signal d'appel par vibration ou de message instantané par un bip. Le soir, je m'imaginais mes plans une fois à Nîmes. Ma déesse de nuit dans mes bras. Je mouillais Claimelle de baisers. Je défaisais sa coiffe par mes caresses. Je reniflais le parfum aux huiles essentielles à base de karité. Une sensation de bien-être, dégagée de ses cheveux qu'elle aimait frisés. J'évacuais la pression d'un amour nouvellement conquis. J'atteignais mon orgasme. Dorénavant, je m'accrochais aux branches de cette affection avec Claimelle. Mon fantasme durait. Je ne m'en lassais pas. En pareilles circonstances, difficile de m'imaginer que notre relation durait quelques weekends. La distance nous séparant présageait la fragilité de la relation. Emporté par le déni, je n'admettais pas l'inconvénient. Je me persuadais qu'une fois à Nîmes, je m'éclatais comme un enfant qui retrouvait sa bienfaitrice. Je suivais Claimelle dans toutes les pièces de la maison.

— Tu conduis la voiture.

— Attention, ne roule pas trop vite. Il y a trop de virages dès que tu prends la sortie sud de la ville, m'avertissait Claimelle.

— J'ai vu le panneau indiquant une succession de virages dangereux à droite.

[2] Du même auteur : *Ma future ex-femme.*

— La route de la montagne.

— Je sors de l'hôpital. Je suis encore fragile pour prendre le volant de ma voiture, m'expliquait-elle.

— Tu vas adorer la chute de la Loire sur l'Atlantique. Un paysage magnifique. J'y vais souvent m'oxygéner après de longues semaines de travail en ville.

Des vacances ! Longue promenade à la plage ! Claimelle me préparait une oasis à régénérer notre idylle. Réciproquement, je lui proposais bien de sorties à son passage à Paris. Mes plans parisiens bruyants. Manger aux bons restaurants, assister aux spectacles. Les pique-niques aux voies sur berges de la Seine. Enchanter nos sentiments parfois dehors sur les places de la capitale au cours des longues nuits parisiennes. Les agitations des gens aux supermarchés et aux quais des métros et de trains urbains. L'épuisement à longer les couloirs souterrains des correspondances entre les métros et les trains. Un nouvel espace de vie temporaire souvent animé par les artistes en plein air. Un paysage riche, renseigné par les affiches publicitaires posées par la régie de transports publics. Claimelle s'informait sur les annonces culturelles, les visites des musées, les sessions d'expositions gratuites, l'ouverture ou l'extension des parcs contrastant l'alignement de béton dans la capitale. Elle adorait se poser sur les ponts de Paris, immortaliser ces instants par ses prises de vue et autres selfies. Tant mieux ! Le printemps arrivait.

— Dis-moi !

— Oui.

— Quand viens-tu à Nîmes ? pressait Claimelle la rencontre.

— J'accepte faire le premier voyage. Quoi qu'il m'en coûte.

— Qu'est-ce que tu veux que je te prépare en particulier comme à manger ?

— Manger en te regardant stimule mon appétit.

— J'aimerais bien te nourrir.

Sur le coup, le conseil prodigué par ma mère me revenait : une femme qui nourrissait son homme conservait un avantage certain de le voir reposer sur son lit. Je souriais dans le vide, j'alimentais mon fantasme.

— Fais comme tu peux. Je suis facile à vivre. Je m'adapte à toutes les recettes.

— Tu es quand même mon invité. Je reçois rarement les hommes à la maison.

La chance de tomber sur une femme serviable, voluptueuse. Claimelle m'ouvrait ses portes. Je n'avais plus qu'à pénétrer et profiter de ses douceurs. Avec la tentation de me laisser apprivoiser. J'abandonnais mes conneries du passé. Mes défaillances à l'origine de la perte de mon ancienne femme. Je donnais tout pour garder cette relation. Je voyageais à Nîmes rencontrer Claimelle. Je parcourais 400 kilomètres pour lui apporter un peu de beauté et de gaîté dans sa vie. Le succès du déplacement garantissait la suite de notre idylle.

— Dis-moi encore !

— Oui.

— Tu fumes ?

— Non.

— Alcool ?
— Oui.
— Alcool fort ?
— Je m'empiffre.
— À consommer avec modération.
— D'accord.
Claimelle poussait ses enquêtes à dévoiler son côté femme casanière, passant ses journées à nettoyer l'intérieur de sa maison, tenir sa cuisine, faire tourner son foyer. Naguère en couple, elle multipliait les passages dans sa cuisine, servait des petits plats à son mari tout le temps. Ce dernier se régalait. Des recettes de grand-mère aux repas faits maison. Des gâteaux aux différents parfums pour revigorer son homme à la torréfier. Bien plus encore. Des astuces de femmes apprises par son éducation de jeune femme capable de garder un mari à la maison. Car mieux nourrir son homme faisait partie des dernières ruses des femmes. Le truc à maintenir son mari à la maison. L'assurance de le bloquer et l'empêcher d'aller voir ailleurs. Claimelle appliquait la doctrine.
— Manger épicé ?
— Naturellement que si.
— Pas trop manger gras.
— Je subis ton régime.
— Saucisson et pinard ?
— Tout le temps.
— Très bien. J'ai tout coché à propos des goûts de mon invité. Je constate aucune intolérance à un aliment donné ou à une boisson particulière.
— Merci.
— J'attends te voir en vrai. J'ai envie de te toucher.
— Moi aussi, j'ai hâte de te voir.
— Ton voyage à Nîmes, c'est pour bientôt.
— Oui.
— Allez, je t'embrasse.
— Bisous.
Les douceurs exprimées par Claimelle au téléphone m'inclinaient à lui promettre beaucoup des choses. En premier lieu, ma venue dans sa maison. Un grand classique sous les feux des sentiments : promettre et encore ? Je promettais pour garder quelque chose d'extraordinaire que j'avais découvert chez Claimelle : continuer ensemble, la vie d'après. Je promettais pour sceller mon cœur des aveux d'une profession de foi guidée par mon instinct libidineux. Je promettais pour paraître l'homme à la hauteur pour rétablir sa stabilité. Je promettais pour marquer mon affection envers l'être aimé. Une inclinaison naturelle à vivre l'instant présent. En second lieu, aimer pour exister. Se sentir aimer en forçant l'existence, en combattant le mal être.

La joie d'exister en parlant au téléphone avec quelqu'un de convenance. Plusieurs fois dans la journée, Claimelle me répétait les mots doux. Elle multipliait les paroles bienveillantes à mon égard, rendant mon voyage à Nîmes inéluctable. Pour ma part, je lui vendais un mari taillé sur mesure pour la combler. Je lui récitais les cantiques qu'elle aimait entendre.

— Ce qui est formidable avec toi, on se comprend dès les premières minutes de notre conversation, me complimentait-elle. À mon tour de lui donner des galons :

— Tu es quelqu'un de bien.

— C'est toi l'homme que je cherchais depuis longtemps.

— On aurait dû se rencontrer plus tôt !

— Le hasard arrange parfois les choses.

— L'amour réserve bien des surprises.

— J'ai perdu la mère de mes enfants. Je n'ai pas perdu de femme. Je viens de trouver celle qu'il me faut.

— J'ai envie que tu me saoules d'amour.

— Avec toi, je respire déjà l'amour.

Au fur et à mesure que notre connaissance au téléphone évoluait, je cernais la personnalité de mon interlocutrice. Claimelle, une femme généreuse au départ, elle dévoilait son visage de personnage écrasant, après. Claimelle, une femme en quête d'affection. Charmeuse de serpents, elle retombait dans les travers des histoires de cœur pour donner un sens à sa vie. Car, rattrapée par ses vieux démons, son instabilité psychique accrue par son célibat endurci. Claimelle, déversant ses larves sucrées pour apprivoiser son homme et le dominer. À distance, Claimelle m'adressait souvent des propos bienveillants. La prédatrice jouait la carte de la disponibilé pour me garder au moins quinze jours dans sa maison. Pour notre tranquillité, Claimelle avait éloigné sa fille du domicile. Atsono désormait chez sa soeur Founda à Ivry-sur-Seine. Hyperactive, l'adolescente bougeait en région parisienne loin de sa maman. Claimelle passait du bon temps avec son ami qu'elle avait réussi à attirer jusque dans sa cour. Quant à ses deux garçons, leur père acceptait de les garder temporairement. Très arrangeant, Philome soulageait son ancienne épouse. Sa disponibilité à suppléer à la garde des enfants permettait à Claimelle de s'occuper autrement. Libre pour quelques jours, Claimelle se faisait belle pour accueillir son ami. La jeune maman remettait ses touches de séduction, prétextait chasser le stress. Soudain, elle se remettait au sport : jogging tous les matins avant le petit-déjeuner. Quelques exercices physiques dans la journée : étirements des bras, contractions musculaires, révision des notions de base de self-défense, abdos. Après l'effort, un passage à l'intérieur de son sonna gonflable qu'elle installait au milieu de son salon. Par le fait, Claimelle se donnait du temps, s'occupait enfin d'elle-même. Elle éprouvait une sensation de bien-être. Prête à faire pénétrer son copain dans son jardin secret.

L'amour lui traversait les yeux. Le temps s'arrêtait sur ses appels téléphoniques. Euphorique, Claimelle racontait aux amis ma probable visite chez elle, à son domicile. Ses rapports aux tierces personnes sous-tendaient des conseils. À cran sur ma venue, Claimelle ne jurait que par les sentiments. Encline à profiter avec son invité, la femme amoureuse n'écoutait plus personne. Les mises en garde formulées par ses proches ne la dissuadaient pas. Des conseils basiques pour une femme doublement séparée du père de ses enfants et son ex-mari. Prise dans la tourmente des sentiments, Claimelle désirait se sentir aimée.

— Mais Elrid est divorcé, se défendait-elle face à mes détracteurs et ses amies sceptiques.

— Ton Elrid, comme tu l'appelles, n'a-t-il pas une autre femme là-bas à Paris ?

— Elrid est libre en ce moment.

— Donc, il recherche les femmes un peu partout.

— Tellement qu'il était bloqué lorsqu'il était marié.

— En gros, Elrid a fait une fixation sur toi.

— Fais attention quand même ! Un type qui contacte des femmes par-ci, par là, n'inspire pas confiance.

— Ce type pue le virus.

— Ne sois pas naïve, Claimelle.

— D'accord. Je ne prends pas tout ce qu'il me dit comme parole d'évangile. Au moins, laissez-nous vivre notre relation. Rien ne nous interdit de nous aimer.

— Si ça ne marche pas avec lui, j'arrête.

— Une fois qu'on a mordu à l'hameçon, ça paraît difficile de se décrocher.

— J'ai aussi droit à mes petits bonheurs.

— C'est comme ça que tu trouves ton bonheur ? Bon courage !

La naïveté d'une femme fragilisée par les déceptions amoureuses à foncer tête baissée sur une nouvelle relation. Surtout, lorsque le feu des sentiments la brûlait. J'exploitais la faiblesse pour asseoir mon emprise sur Claimelle. Mon personnage de mari protecteur la fascinait. Mes promesses propres aux débuts d'amitié l'attiraient. J'effaçais dans sa tête, toute prétention de compter les femmes. D'ailleurs, aucune distinction ne couronnait le plus grand coureur de jupons de la commune. Loin de moi, le prestige d'avoir plusieurs conquêtes. L'éparpillement sexuel aggravait mon insécurité, attristait ma vie. Déjà que je souffrais intérieurement en jouant les charmants messieurs extérieurement.

Tous les deux, nous vénérions notre relation fraîchement nouée. Nous nous absorbions des regards, arrêtions les premiers repères de complicité. L'amour nous brouillait les yeux. L'amour brillait dans nos yeux. Entre nous, l'alchimie s'opérait. Le fantasme de la tendresse déposée par le croisement des mains et le plis des jambes. Mon nouveau champs d'amour se labourait à 400 kilomètres de Paris. Jusque-là, les choses se passaient bien. Les inquiétudes s'aplatissaient. La dose d'affection montait. Claimelle tombait amoureuse. Je m'emballais à l'idée de me caser avec elle. Par mon divorce, je perdais la mère de mes enfants. Par l'explosion des sentiments lointains, je trouvais une femme : Claimelle. Je m'en félicitais. Quant à Claimelle, elle nageait en plein délire.

Quelques jours plus tard, les choses se précisaient. L'attente de mon voyage à Nîmes se prolongeait. Claimelle s'en lassait. Je tardais à cause de la garde alternée de mes gosses. Je m'organisais pour me libérer et voyager sereinement à Nîmes. Quant à Jovéna, la mère de mes enfants, elle n'acceptait pas facilement de jouer le jeu. Mon voyage approchait.

— Tu peux venir avec tes enfants. Cela ne me dérange pas.

— Ils vont nous gêner. Mes garçons sont de véritables piles électriques.

— Ma maison est grande.

— Ils bougent beaucoup. Ils courent partout.

— J'aménage la chambre d'amis en salle de jeu pour tes enfants.

— Tu es mignonne, le sais-tu ?

— J'installe une balançoire dans le jardin arrière. Dehors, ils ont la pelouse pour jouer au ballon.

Le lendemain, d'éclaircis dégageaient le ciel. Les températures s'adoucissaient. Le froid disparaissait. Les nuits reculaient. Le changement pour passer à l'heure d'été était programmé à la fin du mois de mars. Selon les indications de météo France, à deux heures du matin, il était trois heures. On réglait les montres au passage à la nouvelle heure dans la nuit. L'annonce du printemps. La saison propice aux nouvelles rencontres. Je consultais mon agenda, observais le mouvement des astres. Aucun rendez-vous manqué ne gênait une page. L'alignement des planètes s'opérait en ma faveur. Tout était en ordre dans mon esprit.

Je ne voulais pas gâcher ma chance avec Claimelle. Je maintenais donc mon voyage. Quitte à mentir à Jovéna pour garder les enfants. Lui expliquer compliquait les choses. Pariant sur mes échecs, Jovéna s'opposait à mon déplacement. Surtout, lorsqu'il s'agissait pour moi, d'aller rendre visite à une femme. C'était un peu de bonne guerre de continuer cette jalousie injustifiée. Jovéna pariait ma chute depuis notre divorce, maudissait mes rencontres. Me savoir en béguine avec une femme la mettait de mauvais poils. Mauvaise joueuse, mon ex-femme freinait mes longues sorties sous le prétexte de la soulager à garder les enfants. Son manège fonctionnait. Elle m'utilisait à dessein, se flattait de me laisser dormir dans son appartement. Des brins d'humanité pour un destin foiré. Il nous restait nos gamins comme preuves de notre attachement l'un à l'autre. Des bonheurs séparés à notre actif reveillaient nos souvenirs. Artistes manqués, nous nous refugions derrière les besoins essentiels des enfants pour rire à nouveau du temps perdu. Sans trop nous amuser, nous continuions à nous voir. Parfois trop proches, au risque de franchir les barrières.

— ça se passe bien avec ta parisienne ? insinuait-elle.

— Je n'ai pas de femme.

— Comment ça, tu n'as pas de femme ? Tu es libre maintenant.

— Le jour où je trouverai une femme, je te dirai.

Un peu dure comme discussion. L'accalmie ne venait pas vite. Je parlais à mon ancienne épouse, la tête ailleurs. Mes pensées voyageaient à Nîmes. Je songeais à Claimelle, mon point de chute. J'atterrissais dans ses bras. Assez cruel de ma part. Car l'amour fonctionnait de manière semblable aux actes de guerre. Les séparations laissaient des traces, provoquaient des blessures. Mais la fumée blanche des sentiments s'échappait à un autre endroit. Je me guidais donc en suivant la fumée blanche dégagée par mes sentiments. Je tourbillonnais jusqu'à Nîmes où je rencontrais Claimelle.

Des canulars au sujet du Coronavirus circulaient dans les réseaux sociaux. Des rumeurs nauséabondes fusaient partout. Certaines allégations alimentaient les forums de discussions. Des groupes d'amis partageaient ce nouveau centre d'intérêt que devenait le Covid-19. Des serveurs de smartphones affichaient les lanceurs d'alertes. Pour tout dire, des messages alarmistes contre une épidémie à la fois active et meurtrière aux allures de signes apocalyptiques. La fin d'un monde advenait. Les limites d'une globalisation non maîtrisée par les États à l'origine de l'accélération des constructions d'espaces de libre-échanges et de circulation des personnes sans grande régulation. La disparition d'une prise de risque à travers une aventure individuelle pour servir la collectivité. Maintenant, tout fonctionnait selon les codes édictés par les grands groupes financiers aux bras transfrontaliers. Ce bloc de gouvernants changeait nos modes de vie, imposaient la taille de leurs fortunes engrangées en seulement quelques années. Jusqu'à provoquer, par leurs activités méconnaissant les valeurs de l'humain et rognant sans cesse l'environnement, une catastrophe devenue un drame de l'histoire. Des virus d'un nouveau genre, appartenant à la famille Covid, surgissaient. Le sort par la pandémie jété pour alerter que quelque chose n'allait plus bien dans la façon de produire les richesses, créer de l'activité, respirer la vie. La maladie aux allures de plaie contre l'orgueil de l'homme, tombait. Et pour quelle faute commise ? Un peu pour sanctionner les mauvais comportements pris dès les débuts du XXIème siècle par les regrouments de travail et la concentration des richesses entre les mains d'un tiers d'individus. Ce petit nombre d'individus détenaient à eux seuls, plus de la moitié de la richesse mondiale. Ils dictaient aux habitants du monde, leur manière de consommer, de se déplacer, de travailler dans la précarité, de vivre avec des revenus du travail à un seuil constant, malgré les montées du coût de la vie. Par leur fortune démesurée et insolente, les inégalités entre les individus et les différentes régions du monde s'accroissaient. La tension sanitaire précipitée par la flambée de la pandémie sonnait le glas de quarante années du règne impitoyable de la recherche effrénée du profit par les grands groupes industriels aux bras transfrontaliers. Ces agents d'argent implantaient des usines partout dans le monde sans se soucier du repos et la qualité de vie pour les travailleurs exploités, la femme sous payée, les enfants formatés à exécuter les tâches programmées par les machines.

Claimelle excellait dans les réseaux sociaux. Active dans la Toile, l'actrice animait un cercle de réflexion et d'évangélisation au sujet des dangers du monde actuel. Par son discours tinté d'un brin de restauration des considérations humanistes, Claimelle rossait ses adeptes. Son expression limpide défendait une cause assez vague, tout de même perceptible par le cœur et la raison. Le message dispensé par le club de pensée mettait en garde contre les conséquences d'une mondialisation non maîtrisée. Entre autres, le gaspillage alimentaire par la surproduction et l'importation des vivres grâce au jeu de la concurrence. La surconsommation des masses contre l'abandon de certaines valeurs de solidarité. Le forum d'idées œuvrait à raviver la fibre sociale, améliorait les rapports entre voisins, incitait leur participation aux réunions de quartier pour mieux se connaître et se réapproprier leur environnement quotidien. Les membres adoptaient de bonnes habitudes. Ils s'adaptaient aux changements intervenus dans le quartier. Par leur campagne, ils réveillaient les consciences sur les effets néfastes résulté des excès de la production des biens et des services dérivant sur le trafic des travailleurs étrangers. Le bénéfice de maintenir certains types d'activités professionnelles de proximité. Que les activités appartinrent aux entreprises ou aux associations ! La réaffirmation de la morale générale, le soutien aux familles en difficulté, l'attention aux jeunes issus de la diversité et des milieux sociaux défavorisés. Sur le coup, Claimelle prophétisait la fin d'une époque.

Loin de Nîmes, j'attendais le coup de fil qui changeait tout. Claimelle n'appelait pas. Occupée à guider son troupeau sur la direction contre la contagion au Covid-19. L'épidémie sévissait. Confiant, je ne la relançais pas une troisième fois. Je lui transmettais les détails de mon trajet pour arriver jusqu'à son domicile. Le moment de ma rencontre avec Claimelle approchait. Je m'apprêtais à prendre mon train au départ de Paris Gare de Lyon pour partir à la conquête de ma femme. J'avais une place pour Nîmes. Mon train partait à l'heure. Les haut-parleurs accrochés au plafond métallique de l'énorme hall des voyageurs côté boulevard Diderot à Paris gare de Lyon, renseignaient les voyageurs sur les équipements d'informations et de mobilité nouvellement installés.

— " Votre gare se modernise ", entendait-on.

— " La mobilité s'adapte aux quais de votre gare ", entonnait une courte réclame.

Au hall Diderot à Paris gare de Lyon, la vie souriait. Plus loin de là, à Nîmes-centre, Claimelle attendait. Nos prévisions se croisaient.

Ce n'était pas dans ses habitudes de me laisser sans nouvelles une journée. Claimelle me parlait toute une demi-journée, pendue au téléphone. Elle me demandait ce que je faisais, avec qui j'étais, où j'allais. Je censurais dans mes explications, remarquant à quel point elle écoutait tout, enregistrait tout, appréciait tous les aspects des choses que je lui disais. Le téléphone, signe de la vie qui nous rapprochait ces instants-là. Le téléphone, fibre invisible qui maintenait notre relation à distance. Le téléphone, moyen utile à casser l'ennui, à dissiper le stress, à espérer vaguement les probables bonnes choses à venir après le confinement. Le téléphone, instrument de duperie, des marchands d'illusions. En cette sortie de divorce, je me pendais, moi-aussi au téléphone, à écouter les baratins que me déversait Claimelle. Ma vulnérabilité lui concédait un avantage certain. Elle s'engageait à me façonner selon ses goûts. Je me laissais faire. Car Claimelle guidait notre relation. Je ne contrôlais rien. Claimelle imaginait tout pour notre rencontre et me dictait la suite. Le téléphone, antenne stéréophonique de médisance, de calomnie contre les proches et les personnes irritantes, agaçantes. Le téléphone, parade entre contre-vérités et mensonges distillés à l'autre bout du receveur. Mais le silence de Claimelle ce jour-là ne m'inquiétait pas. Je classais la circonstance au registre des occupations d'une femme donnant le meilleur d'elle-même pour saisir des nouvelles opportunités afin de rebondir dans la vie. Un nouveau départ avec un homme qu'elle connaissait à peine au téléphone. La personne venait de loin. Ce qui exigeait une certaine organisation pour rendre possible la réception. J'attendais donc l'appel de Claimelle. Par mon déplacement à Nîmes, je traduisais de façon palpable, mon rapprochement à l'être aimé. Fini l'amour à distance. Terminées, les promesses creuses émanant d'un mari qu'elle ne voyait jamais. Dans quelques heures, son homme était présent à ses côtés. Il occupait ses jours, attendrissait ses nuits, apaisait ses angoisses. Avec son arrivée, le cycle du célibat se fermait pour Claimelle.

Claimelle prenait les nouvelles de ses proches. Au téléphone, elle faisait le tour des membres de sa famille, ses amis et d'autres personnes avec lesquelles elle gardait contacts. Les conversations pointaient le Coronavirus. L'épidémie se répandait à une vitesse exponentielle. La première région touchée, le Grand Est. Les premiers cas sévères identifiés à Colmar, à Mulhouse, à Strasbourg, en Corse. Le 14 février 2020, une personne admise à l'hôpital décédait en Alsace. Une mort en lien avec le Coronavirus. Une première victime française de l'épidémie. À partir de ce drame, les choses prenaient une autre tournure. Les points d'information des sessions d'actualité à la télévision appuyaient l'arrêt sur image, le décès du jour. Quant aux chroniques radio et les articles de presse, ils amplifiaient l'information. L'effroi augmentait chez les gens. Marseille détectait ses malades. Les aéroports et les gares parisiens, considérés parmi les points de propagation du virus. Donc, des zones de contacts sociaux à éviter en raison de l'afflux des voyageurs. D'autres lieux d'affluence humaine augmentaient la liste des zones à forte circulation virale : les centres commerciaux, les parcs, les musées, les espaces ouverts de loisirs. Les visites chez les voisins et d'autres membres de la famille à stopper. Les regroupements de plus de deux personnes vivement déconseillés.

— " Ne pas se serrer la main ! " lançaient les spots télévisés.

— Ne pas s'embrasser.

— Exténuez dans votre coude.

— Tenez-vous à distance d'au moins un mètre les uns des autres.

Des gestes barrières pour éviter aux personnes saines, de franchir les zones de contagion ; aux personnes déjà positives au Covid-19, d'entrer dans les zones moins infectées ou pas touchées par l'épidémie. Ou encore, contenir les personnes ayant contracté le Covid-19 à un endroit isolé, en l'occurrence, à leur domicile pour éviter une plus grande diffusion du virus. D'autres personnes positives au virus nécessitaient une quatorzaine pour les unes, une mise en quarantaine pour les autres. Car au bout de quelques jours, quelques semaines, la maladie guérissait grâce à la contre-attaque lancé par le système immunitaire chez la personne contaminée observant un repos à son domicile ou à un endroit fixe. À mesure que les semaines passaient, plusieurs personnes étaient incidemment en contact avec le virus. Des personnes devenues, par le fait, cas contact Covid, dont le nombre se multipliait et influençait la courbe de circulation virale dans les villes, les régions. Mais ces personnes cas contact Covid ignoraient encore leur taux de contamination. Puisque les premiers signes de présence de la pathologie étaient bénins voire, asymptomatiques. Une fièvre ordinaire, un écoulement nasal, une petite indifférence dans l'odorat, un manque de sensation de goût en mangeant les repas ; des légères toux, des maux de tête, des courbatures. Les personnes arrivant aux urgences avaient déjà développé une certaine forme de la maladie. Entre la phase d'incubation suivant le contact avec le virus et la période virale, la maladie poussait rapidement dans l'organisme. Dans certains cas, des formes sévères de la maladie apparaissaient. Notamment, l'insuffisance respiratoire avec des lésions pulmonaires importantes chez les adultes. Par conséquent, prendre des précautions pour ralentir le taux d'incidence de l'épidémie était extrêmement important. Semblable à toutes les pathologies, la prévention constituait la première arme pour monter au front contre le Coronavirus. Claimelle conseillait à ses proches de prendre d'assaut les supermarchés, se faire beaucoup de provisions.

— Remplissez vos frigos. Achetez d'ores et déjà les courses pour vos enfants. La situation va durer.

— Garnissez vos étagères de cuisine avec des vivres de première nécessité, disait-elle à tout va : on ignore quand ça va s'arrêter. Au tour des amis de subir ses blâmes.

— Cessez de vous mélanger.

— Personne ne vient chez moi. Mes visites interrompues jusqu'à la fin de l'épidémie. Déjà, je suis moi-même fragile. Il n'y a pas très longtemps que j'étais hospitalisée.

— N'allez pas chez les gens. Au moins dit comme ça, je ne suis pas méchante. J'affiche la même rigueur à tout le monde.

Claimelle prodiguait des conseils autour d'elle. Une participation à l'effort de solidarité en temps de crise sanitaire. Son métier de professeur en Lettres modernes facilitait son verbe. Habituée à donner des leçons, à transmettre le savoir, Docteure en Sciences de langage extériorisait son civisme. Personne éclairée, l'enseignante rassurait à son moindre niveau, les catégories des populations qu'elle fréquentait. Sans raturer son personnage, la nîmoise se préoccupait par ce fléau qui changeait brusquement les habitudes, s'abattait subitement sur sa commune d'habitation. Instruite, Claimelle ne baissait pas la garde sur les gestes barrières à respecter et à faire respecter. Sa propre sécurité, la sécurité de ses enfants ainsi que celle de ses concitoyens primaient. Un relâchement coupable des comportements amenait aux hospitalisations. Tant, les sessions d'actualité radiodiffusion et télévision, les points de presse papier ou informations dans les médias en ligne exposaient des tribunes alarmistes. La société toute entière vivait une hécatombe. La fin annoncée d'un monde. " Coronavirus ! " lisait-on partout. Le même titre figeait les deux tiers des publications dans les réseaux sociaux. Coronavirus par-ci ; Coronavirus par là. D'où venait cette maladie qui plongeait soudainement les gens dans une angoisse terrible ? Par quoi arrivait cette sanction dictée par une sorte d'accomplissement de la parole apocalyptique ?

Tout commençait à Wuhan. En novembre 2019, un virus appartenant à la famille Covid s'échappait d'un laboratoire chinois. Lâché dans l'air, le virus affectait la périphérie de Wuhan. Une ville cosmopolite chinoise, abritant usines et université, laboratoire et centre d'affaires, entreprises et commerces de tous genres. Image parlante des bienfaits de la globalisation au crédit du développement de cette partie de l'empire du milieu. Singapour, Hongkong, Séoul, Banghok, Hanoï arboraient les réussites des échanges transfrontalières à grande échelle. Les bénéfices tirés par les peuples émergents, enclins au développement, bassins des transferts de technologies. Les uns après les autres, par les différents contacts sociaux, les habitants de Wuhan se contaminaient. Rapidement, le virus se propageait jusqu'à la province Hubei. Le microbe circulait dans l'air, s'accrochait aux objets. En voyages d'affaires comme en trafics des marchandises, le virus mutait. Ainsi, l'épidémie se superposait aux migrations des populations. La vie bougeait, le Covid-19 aussi. Les premiers cas positifs se révélaient en France trois mois après, fin janvier 2020. Trop tard. L'épidémie atteignait l'Iran, l'Arabie Saoudite, la Syrie, la Turquie, l'Inde, le Pakistan, l'Afrique du sud, le Congo-Brazzaville, le Brésil, les États-Unis. Le Coronavirus sévissait en Autriche, en Italie, en Espagne, en Allemagne, en Russie, aux Pays-Bas, au Royaume Uni. Comme les affaires, la maladie se mondialisait. L'émoi de la communauté internationale. Le virus creusait du retard par rapport à la recherche médicale. La riposte des États n'inversait pas la courbe. La pente de crête de la situation pandémique s'aggravait. Pour les acteurs publics aux pouvoirs exorbitants, l'urgence commandait de protéger les populations. Quitte à déroger au principe international de libre échange et la liberté de voyager. La santé d'abord. Parce que la santé demeurait une priorité cardinale devant l'économie, les loisirs de contemplation et le divertissement. La recherche médicale exhortait de patienter au moins 18 à 24 mois avant de valider un vaccin contre le Coronavirus. Quant aux États, ils paraient au plus pressé. Se levant contre l'ennemi terrorisant, les États du monde prenaient des mesures immédiates voire radicales afin de freiner la diffusion du Covid-19. Une course contre la montre était lancée. En l'absence de médicament spécial à soigner le Coronavirus, l'Organisation mondiale de la santé multipliait des appels à la prudence contre tout traitement hâtif. Les professionnels de la médecine s'activaient pour relever le défi de la mise à disposition au public d'un traitement curatif à la maladie. Une première depuis un siècle.

Tout le monde s'improvisait infectiologue, appelant à rester chez soi, renseignant les nouvelles habitudes du quotidien à adopter. Subitement, la présence du virus dans la ville impactait sur le moral des gens. La psychose générale occasionnée bouleversait vie des populations en France et ailleurs. Les attitudes empiriques prenaient le pas sur la rationalité. La médecine de postulat s'affrontait à la médecine émotive. À la télévision comme dans les médias en ligne, le gouvernement déclarait que la France entrait en guerre sanitaire contre un ennemi dantesque. Les Nations unies reconnaissaient la crise sanitaire provoquée par la pandémie du Coronavirus comme catastrophe humanitaire. La recommandation onusienne relevait une catastrophe humanitaire. Les pays du monde se mettaient subitement sous tension sanitaire en même temps. Cinq millions et demi de personnes infectées au Covid-19 dans le monde dont plus de 612 mille personnes décédées en lien avec le Coronavirus. Tous les pays du monde anticipaient en adoptant des mesures barrières utiles à protéger les populations, à stopper la propagation du virus. Le temps que la recherche médicale déposât ses conclusions.

Épicentre de la maladie, Wuhan comptait des centaines de morts. La révélation du caractère violent du Covid-19 prêtait aux interprétations les plus controversées quant à l'origine de la pathologie. Le Coronavirus était-il d'origine animale ou humaine ?

Du côté de la Chine où tout avait commencé, certains renvoyaient l'apparition du Coronavirus à l'acte désespéré d'un praticien de laboratoire. Sous payé, voulant en finir avec les souffrances de la vie du fait du labeur qui ne finissait pas. Le praticien de laboratoire survivait. Il ne supportait plus l'écart salarial de un à 20 entre un ouvrier et son patron dirigeant un grand groupe industriel. L'inégalité salariale dans les tâches exécutées à travers différentes couches des actifs, le praticien avait dérobé une molécule toxique et aspergé la molécule dans l'air. De la sorte, il ne mourait pas seul. Il emmenait avec lui, un nombre conséquent d'individus.

Autre hypothèse semblable proche des doctrines complotistes, l'intention de certains lobbies très présents à l'intérieur des cercles du pouvoir à Pékin incitant à diminuer considérablement la population chinoise. Et dans quel dessein ? Eh bien, ajuster le niveau de pauvreté contrastant l'image rayonnant l'excellence économique, commerciale, culturelle mondiale qu'affichait l'empire du milieu. Déjà un milliard d'habitants, avec plus de 42 millions d'habitants supplémentaires en 2020, la Chine amorçait une courbe de réduction substantielle sur son sol de la masse d'individus qui demandaient toujours plus à la collectivité. Une mesure tirée du treizième plan quinquennal de l'Assemblée nationale populaire. Le même procédé, utilisé en Australie des années auparavant pour limiter la reproduction des lapins dans les plaines autrichiennes. Justement à propos du Coronavirus, le pays dénombrait 68 morts au mois de mai. Un bilan expliqué par sa position géographique de faire partie du climat chaud caractéstique des pays d'Europe du nord. Parce que le Covid-19 ne résistait pas aux températures élevées. Sauf que dans le cas de crise sanitaire qui sévissait, il ne s'agissait pas de réduire la reproduction des lapins. Les pertes humaines se comptaient par centaines toutes les 24 heures en Asie, en Iran, en Arabie Saoudite, aux États-Unis, en Europe de l'ouest, en Europe centrale, en Russie.

Il existait d'avis écologistes extrêmes, proches des courants altermondialistes et anarchistes. Opposition canal historique au modèle capitaliste de l'organisation des activités des grands groupes industriels et financiers. Ces avis assimilaient l'apparition de la pandémie à la sanction infligée par la nature contre l'activité humaine liée à la pollution de l'air par les émissions répétées de gaz à effets de serre. Des usines tournant à plein régime dans des zones construites suite aux déforestations non mesurées. Le profit recherché avec la surproduction des biens et des services.

Causes nouvelles précipitant le drame social, l'exploitation démesurée des fonds marins, la destruction de la biodiversité. Les réductions des espaces verts pour les besoins d'installation des bassins de production et de croissance économique. Le sort par la maladie jété contre le comportement humain pour alerter que ça suffisait de continuer à travailler de cette façon. Quelque chose n'allait pas. Il importait de changer les façons de produire, de consommer, de se déplacer. Trêve de courir vers des modes de vie changeant au gré de la découverte des nouvelles molécules au service de l'industrie pharmaceutique et les puissances financières ; les créations de nouvelles machines à multiplier les productions des biens et des services destinées à la sur consommation. Le but recherché par ces courants de pensée altermondialistes, parvenir à un monde de moins en moins inégalitaire dans le travail ainsi que la répartition des richesses.

D'autres laissaient enfler les rumeurs. Les informations les plus erronées s'estompaient faute de confirmation. Apparemment, tout parti d'un milieu de semaine du mois de novembre 2019 dans un laboratoire sophistiqué de Wuhan. Un manquement aux règles d'hygiène dans la manipulation des molécules concernant les études sur les grippes à l'origine de la fuite dans l'air du virus Covid-19. L'information véhiculée par la presse au sujet de la maladie provoquée par les mauvaises manipulations des objets chimiques à l'intérieur d'un laboratoire chinois pourtant ultra moderne, inauguré en 2017. Le laboratoire, fruit de la coopération franco-chinoise. Une première dans l'histoire de la Chine depuis la fin de la guerre froide. La psychose gagnait le monde entier. En parallèle, l'industrie du masque tournait à plein régime. La Chine conservait son leadership dans la production, l'exportation et la commercialisation des masques. Un gain énorme pour son économie. Le pays améliorait sa balance commerciale.

En France, les informations balancées sur la place publique soulignaient l'arrêt des activités économiques, la fermeture des écoles et des universités, la fermeture des cafés et restaurants. Tous les magasins non indispensables contraints à baisser le rideau jusqu'à nouvel ordre. Seuls restaient ouverts sous certaines conditions, les enseignes alimentaires pour permettre aux gens de continuer à se nourrir durant le temps de crise sanitaire. Wuhan, ville attractive au cœur de l'empire du milieu, revêtait des allures de cité fantôme. Les principales artères de la ville désertes. Un silence de funérarium alourdissait le climat général. Paradoxalement, la nature reprenait ses droits. La planète respirait. Elle se reposait. Certains petits animaux insolites réapparaissaient jusqu'aux abords des trottoirs de certaines artères des villes. Les rivières traversant une partie de Wuhan exhibaient des grands poissons blancs ainsi que différentes espèces qui, en tant normal, fuyaient le bruit et le tumulte urbains. Ces images inédites faisaient le tour du monde. De manière approchante, les grandes places du monde vidées de leurs usagers, offraient un effet visuel révélateur d'une beauté architecturale cachée, propre à la conservation du patrimoine culturel mondial. Les plages vides de Rio au Brésil et du Cap en Afrique du sud. Venise, haute ville touristique en Italie, flottant sur l'eau bleue turquoise, renvoyant aux couleurs des immenses plages des Antilles et celles des Caraïbes. Un tiers de l'humanité se mourait. Les deux-tiers de la population mondiale vivaient confinés. L'impressionnante place Saint Pierre, arène des grâces, étrangement déserte. Au centre de l'esplanade bougeait une silhouette minuscule somme toute distinguée de l'évêque de Rome prêchant la désolation et la solidarité face au naufrage de la société actuelle causé par le règne impitoyable du Covid-19 :

— " Nous sommes tous dans le même bateau ".

Énième appel papal à la solidarité entre les nations ! La Cabane, au cœur de la Mecque dont la nef et l'esplanade se vidaient de ses fidèles. Le lieu saint de l'islam à Médina ne rassemblait pas des millions de musulmans la saison 2020 pour le jeûne annuel. Une première dans l'histoire des religions depuis le milieu du XXème siècle. De nuit comme de jour, les monuments historiques des capitales occidentales et des villes émergentes d'Orient et d'Amérique latine, l'Inde et l'Asie du sud, l'Afrique du sud, dévoilaient leur beauté cachée. En même temps, ces images rappelaient la nécessité de préserver la biodiversité, réduire la pollution atmosphérique, ralentir l'industrialisation contre la doctrine d'imposer toujours plus de produits à la consommation des masses. Par la situation pandémique de la Covid-19, la société capitaliste subissait un sérieux revers depuis le début du XXIème siècle. Du coup, les déplacements des gens fuyant la ville souillée de Wuhan s'intensifiaient. Les gens n'amassaient plus d'agent. Pas plus qu'ils n'en dépensaient. Les gens se préoccupaient de rejoindre leurs familles restées dans leurs pays d'origine. Tant qu'à finir leurs jours aux côtés des leurs dans l'affection. Les uns près des autres, ils attendaient la fin. Assurément, une découverte en faveur d'un vaccin ou une ordonnance médicale liée à un traitement susceptible de soigner la maladie. Les grandes capitales d'affaires, fierté de l'émergence économique et sociale des nouveaux dragons d'Asie et de l'océan indien, en payaient le lourd tribut : Pékin, Hongkong, Banghok, Séoul, Singapour, Hanoï, New Dehli, Islamabad. Les capitales des monarchies du golfe n'attiraient plus leurs touristes dorés. Ryad, Abou Dhabi, Dubaï, Koweït. D'ailleurs, le conflit au Moyen Orient observait une trêve subite. Tant, les protagonistes de part et d'autre de Téhéran, Tel-Aviv, Cis-Jordanie avaient du repis pour leur santé. En Occident, les États-Unis, premier pays à fermer ses frontières aux pays européens, à l'exception du Royaume Uni envers lequel les relations commerciales et d'amitié ne s'amenuisaient guère. Les villes européennes rapatriaient leurs ressortissants naguère obsédés par le travail expatrié à l'intérêt de gagner des grosses rémunérations : Madrid, Barcelone, Rome, Milan, Amsterdam, Berlin, Munich, Londres, Manchester, Bruxelles, Paris, Marseille. Les villes africaines emboitaient le pas : Abidjan, Bamako, Cotonou, Lagos, Porto-Novo, Accra, Antananariv, Johanesbourg, Brazzaville. Tout en recommandant à leurs expatriés de rester chez eux à l'étranger durant la crise, la France parvenait à rapatrier près de 186 mille ressortissants. La croissance mondiale chutait brutalement.

Toutes les prévisions de croissance pour les entreprises nationales et les multinationales revues à la baisse. Les bourses américaine et européenne décrochaient. Mais aucune pénurie des denrées alimentaires n'était redoutée. Une sanction contre des comportements humains tournés vers une surproduction des biens et des services. Contre toute rationalité à répartir les richesses, à manier les leviers activant la préservation de la planète et les réductions des inégalités entre les individus, entre les parties du monde. La situation pandémique de la Covid-19 obligeait les pays à revoir leur législation en matière d'acceptation des activités des multinationales et des industries à l'origine de la surproduction des biens, l'accroissement des inégalités entre les individus, les régions du monde. Encore une fois, les images de tension sanitaire, de confinement sous fond de psychose générale pour les populations de vivre un temps apocalyptique, renseignaient sur une nouvelle société à bâtir une fois la crise sanitaire terminée. Sûrement, après l'épisode Coronavirus, nous entrions dans un nouveau monde, menions une autre vie. Nous vivions, à notre tour, le drame de l'histoire en cette période particulière du XXIème siècle caractérisée par la survenance de l'impitoyable virus mutant, le Covid-19. La catastrophe marquait nos esprits à jamais. Les générations suivantes s'en souviendraient.

Le soir venu, mon téléphone tintait. Claimelle appelait. La nîmoise pensait à moi. Je restais digne devant le désarroi qui se dégageait dans sa voix mélancolique. Quelque chose n'allait pas. Quelque chose lui échappait. Je n'arrivais pas à lui raconter ma journée. Une torpeur me saisissait comme si j'étais fatigué d'attendre quelque chose qui s'éloignait. Je me résignais à ce qu'elle m'enjoignît, faute de pouvoir agir autrement. La pression de la journée, dissipée. Dès les premières minutes de la conversation, Claimelle alignait des paroles alarmantes. D'un ton atone, elle maîtrisait ses propos. Comme à l'accoutumée, Claimelle menait la discussion. Je m'en tirais bien puisque je n'avais pas pris mon billet de train pour Nîmes. Une course de dernière minute effectuée en ville m'avait retardé. Je comptais repartir au guichet parisien de la gare de Lyon demain en milieu de matinée. Claimelle m'indiquait les ultimes précautions à prendre pour mon voyage.

— Je crois que tu dois reporter ton voyage.

— Pardon !

— Ne viens pas demain. Reste chez toi !

— Je suis au courant de la décision gouvernementale. J'allais justement t'en parler.
— Tout le monde est confiné.
— Donc, il m'est impossible de quitter Paris, sortir à 400 kilomètres de chez moi pour venir te rencontrer à Nîmes.
— Reste chez toi auprès de tes enfants ! Ils ont plus que jamais besoin de toi durant ces temps difficiles. Reste chez toi et sauve des vies ! Je ne permets pas que tu sois dehors, exposé au virus. Reste chez toi, près de ta petite famille jusqu'à la fin de l'épidémie.
— Entendu.
— Pense à tes proches, à tes amis, à tous ceux qui t'aiment. Tu te rends bien compte du danger. On ignore quand tout cela va s'arrêter.
— Où va-t-on comme ça ? priait-elle avec désarroi, le ciel : que devient notre société ? Plus de contact humain jusqu'à ce qu'ils découvrent le médicament qui arrête la maladie, le traitement qui soigne les gens ! Le vaccin qui élimine ce maudit virus. Du moins, s'ils en trouvent.
— Je ne sais plus où va le monde ? Dans quelle société vivons-nous aujourd'hui ? Mais ce que je sais, rien ne sera plus comme avant, une fois la crise passée.

Ses interrogations avaient eu le don de changer mon regard sur ma vie amoureuse et le type de femme à conquérir. Plus pertinent dans ses réflexions, alimenter son cercle de travail. Bien sûr que nous vivions le drame de l'histoire. Après tant d'années de tranquillité, nous voilà soudainement secoués par une épidémie. Un ennemi inconnu venu d'Asie, semant la mort et la désolation dans nos vies. La violence de l'ennemi inconnu réveillait paradoxalement nos vertus à aimer, à partager, à rester solidaires les uns envers les autres. Je recourais à l'amour pour moins subir le choc du confinement. Malgré le traumatisme causé tous les jours, Claimelle et moi, nous sentions unis pour la fin. Nous respirions par la force de notre affection. Nous tenions bon à distance non pas par l'optimisme de voir arriver un vaccin, mais par quelque chose de naturellement profond liant deux individus qui s'aimaient. Tant, nos échanges au téléphone convergeaient nos valeurs.

La suite de la conversation ne signifiait plus rien ni pour Claimelle, ni pour moi. Chacun parlait sans réellement entendre la réponse qu'apportait l'autre. Pris de transes, nous parlions tous les deux en même temps. Chacun exprimait ses regrets au sujet des travers dans lesquels s'enlisait la société. Comme si nous implorions l'absolution pour nos fautes. Les risques de contamination au Covid-19 paralysaient notre relation. Nos espoirs qui débordaient la veille s'estompaient. Nos illusions s'effondraient. Prendre de la retenue et la hauteur sur nos sentiments, s'imposait. Claimelle et moi, prenions conscience de la gravité de la situation. Dehors, le danger guettait. Les autorités ordonnaient le confinement total des Français à leur domicile. La décision passait en boucle à la télévision. D'autres médias amplifiaient en expliquant les mesures de distanciations sociales édictées par les autorités. Chacun y allait de son interprétation.

Le Coronavirus était une maladie horrible et mortelle. Le virus anéantissait l'être, terrorisait la collectivité. Sa progression rapide suscitait une souffrance psychique chez les gens. Pourtant bien pourtant ces instants-là, nous étions tout à coup désemparés. Claimelle manifestait son amour envers quelqu'un qu'elle connaissait à peine. Le revers, Claimelle craignait de ne jamais vivre cet amour subitement compromis à cause des barrières hissées par les mesures de protections individuelles et collectives. De loin, Claimelle poussait fort le souffle d'amour, élevait son esprit à croiser ses aspirations avec la personne pour qui elle nouait un lien affectif. Je pleurais cet amour reporté. Je m'effrayais de le foirer. Assis dans mon canapé, je lâchais mes nerfs. Je croyais apercevoir l'ombre de Claimelle me couvrir. La sensation de me refugier derrière son ombre et espérer. J'avais encore le téléphone collé à mon oreille. Claimelle continuait à me parler :

— Le Coronavirus n'a rien d'une grippe saisonnière ; encore moins, une simple infection pulmonaire. Les gens doivent appréhender le danger, éviter de trainer dehors, se mélanger. Parce que le virus se transmet par des contacts interhumains.

— Ce soir 20 heures, mets-toi sur ton balcon.

— Qu'y a-t-il ce soir ?

— Ce soir 20 heures, tous à nos balcons ou à nos fenêtres pour acclamer l'ensemble de nos personnels soignants.

— Tu ne les connais certainement pas tous. Tu en as quelques uns dans ta famille, ton voisinage ou parmi tes proches.

— Sache que ce sont eux qui nous tiennent en vie durant cette période de crise sanitaire. Leur bravoure les expose au virus. Malgré le danger, ils continuent d'administrer les soins aux patients. Le soir, ils rentrent chez eux avec le danger de contaminer leurs enfants, leurs conjoints, leurs proches. Ils peuvent apporter le virus à leur entourage.

— Entendu.

— Ces personnes luttent entre leur vie d'avant et le risque qu'elles courent aujourd'hui en acceptant de travailler et prodiguer des soins aux enfants, aux adultes orientés à l'hôpital. Ils ne choisissent plus leur destin. Ils obéissent seulement à leur métier.

— Malgré la peur due à la circulation du virus, ces personnes sont sur le pont contre l'ennemi inconnu. À l'hôpital, elles observent toutes les précautions de sécurité en soignant les patients ou rendant possible l'admission des patients. Chez elles, à la maison, certaines se mettent parfois en quarantaine. Un choix difficile que de vivre séparé des siens.

— Je ne te parle même pas de ceux qui sont en couple.

— Je mesure les risques de séparation précipitée par la discontinuité de vie intime.

— La précaution supplémentaire de ne pas emmener le virus à leur entourage.

En effet, les nouveaux soldats de notre époque au front contre l'épidémie du Coronavirus. Nous affrontions le Covid-19 par nos comportements adaptés à la situation, nos sentiments affectifs envers tous ceux que nous aimions. Certes, nous n'étions plus dans la même société du risque à travers laquelle une aventure individuelle profitait par la suite à la collectivité. L'une des raisons, nous vivions en paix depuis la fin de la guerre froide. Nous jouissions d'une bonne espérance de vie. Ces quarante dernières années voyaient nos habitudes dictées par les évolutions technologiques, les aspects de l'intelligence artificielle et les réussites des grands groupes financiers internationaux. Nous concédions une parcelle de notre identité à notre appartenance aux communautés sous régionales, régionales. Nous nous adaptions au conformisme commun aux pays, aux régions du monde. L'aliénation et la recherche de la copie de modes de vie fournis par l'autre. La prise de conscience que nous nous mobilisions contre cet ennemi dantesque. L'agent inconnu perturbait notre santé. Par conséquent, nous élevions notre mobilisation à l'échelle globale de l'humanité. Car, la violence avec laquelle le Covid-19 attaquait nous obligeait à rester solidaires. L'amour et la solidarité motivaient les soldats que nous étions tous en campagne contre le Coronavirus. Au niveau de notre relation, Claimelle et moi, communions à nous remémorer la fragilité de l'existence. Nous fortifions notre amour, résistions au vice de l'indifférence. Nous nous regardions à distance avec admiration. Nous nous adorions parce que nous nous tenions séparés, désormais confinés. Le moment propice à germer dans notre esprit, des idées positives afin de mieux sortir. Nous organisions notre relation après la libération.

Hommage donc à tous ceux qui tendaient la main aux gens à qui la vie tournait le dos[3] en cette période épidémiologique Coronavirus. En l'absence de traitement, le monde médical faisait des pieds et des mains pour accueillir les personnes affectées par le virus, sauver des vies, soulager les souffrances des familles affligées. En dehors de ce qu'il accomplissait tous les jours de l'année.

---

[3] Du même auteur : *Retourné, Edilivre 2018.*

2

Chaque soir, hommage au personnel soignant des hôpitaux

Chacun s'improvisait infectiologue. Chaque jour au téléphone, dans les réseaux sociaux, les croisements fortuits et limités des personnes aux supermarchés, chacun rappelait les gestes barrières à respecter contre la propagation du virus. Le civisme gagnait les esprits. La mobilisation citoyenne montait comme une vague. La campagne de prévention lancée à l'échelle nationale changeait les habitudes. Les Français se rendaient compte que la maladie existait. Ils ne se faisaient pas de science-fiction à ce sujet. L'inquiétude provoquée par le virus renforçait le vivre-ensemble. À force d'écouter les annonces à la radio, suivre les points quotidiens de la situation sanitaire à télévision, lire les chroniques santé dans la presse, on s'affolait. Les déclarations alarmantes faites par les pouvoirs publics toutes les 24 heures augmentaient la psychose chez les gens. Chacun répétait les nouvelles manière de vivre qui s'imposaient. Les gens renouvelaient leur appartenance à la communauté nationale. D'autres, plus alarmistes, se demandaient combien de temps allait durer l'épidémie.

— Je crois qu'on est parti pour tout le printemps, se lamentait Claimelle.

— Il faut apprendre à vivre avec le virus.

— Plus inquiétant que cette maladie infectieuse nous revienne l'automne prochain. À l'instar de la grippe saisonnière en période de saison froide.

Une épidémie sans précédent. Du jamais vu depuis la fin de la seconde guerre mondiale. Une maladie désormais planétaire. La maladie du siècle. Commencée en Asie, la pandémie du Coronavirus était provoquée par un virus faisant partie de la famille Covid. Le microbe s'était échappé d'un laboratoire ultra moderne situé dans la périphérie de la ville cosmopolite de Wuhan. D'autres avis d'experts renvoyaient l'apparition soudaine du virus aux conséquences des déforestations irrégulières. Deuxième série de virus du type Covid, le nombre 19 ajouté à la fin du terme Covid le spécifiait. De transmission interhumaine, le virus se propageait de façon rapide. Lorsqu'il affectait une personne, celle-ci pouvait contaminer deux à trois autres personnes. Ainsi, des cas Covid se multipliaient facilement dans les villes. Ces situations détectées aggravaient les disparités entre les régions de France. Le nombre de personnes contaminées doublait tous les quatre jours, augmentant vertigineusement la courbe de progression de la maladie. Les décès en milieu hospitalier, aux centres médico-sociaux ainsi que dans les établissements de prises en charge des personnes vulnérables en découlaient. Les services publics de santé, pris de cours.

Comme beaucoup d'agents infectieux, le Covid-19 circulait dans l'air. Sa durée de vie à l'air libre allait jusqu'à quatre heures. Le virus survivait trois heures dans les déchets ménagers, deux heures sur les autres objets d'utilisation quotidienne : les poignets des portes, les téléphones portables, les claviers d'ordinateurs, les pièces de monnaie, les cartes de crédit suivant qu'on les manipulait plusieurs fois dans la semaine. Les personnes en contact avec le virus présentaient pour la plupart des cas, des signes bénins. Les formes simples de la pathologie chez les personnes âgées se manifestaient par un écoulement nasal, une légère fièvre, une toux assez prolongée. Chez les enfants, une perte d'appétit. Les formes sévères de la maladie se caractérisaient par d'insuffisance respiratoire. Soit, on y relevait l'invasion pulmonaire. En conséquence, le poumon ne jouait plus son rôle maximal d'oxygénation de l'organisme. Soit au plus, l'infection pulmonaire, provoquée par des lésions, abîmait l'organe respiratoire. Au début du mois de mars, 15 % des patients admis aux hôpitaux présentaient des symptômes sévères. Entre le temps d'incubation dans l'organisme d'une personne ayant été en contact avec le virus et la période virale, la maladie se développait très vite, perturbant ainsi le système immunitaire. En général, la période d'incubation de la maladie durait quatre à cinq jours. Chez certains patients, la période allait jusqu'à 14 jours. Le nombre des patients admis en réanimation augmentait. Corrélativement, le nombre des décès. Le plus préoccupant pour les services des soins intensifs était de diminuer la charge virale des patients sur les lits de réanimation au bout de huit jours à compter du jour d'admission. Les spécialistes des maladies infectieuses et les médecins de différents pays se penchaient progressivement vers l'usage de la chloroquine associée à un antibiotique. L'espoir d'un traitement contre le Coronavirus venait certainement par la quinine, médicament dont l'efficacité avait été testé à Wuhan, Marseille, Kinshasa. Les États-Unis louaient le ciel pour ce don à venir à bout de la catastrophe sanitaire déclarée. Mais les infectiologues et les autres spécialistes dans la recherche médicale en la matière ne fermaient pas les portes à d'autres travaux et protocoles relatifs au médicament anti-Covid. Le salut vaccinal viendrait certainement d'autres molécules que la quinine. Puisque, à ce stade du début de l'épidémie, le Covid-19 paraissait inconnu. La circulation virale mettait hors de contrôle.

Le Covid-19 frappait les personnes de plus de 56 ans, les personnes vulnérables, les personnes souffrant de multiples pathologies, les personnes à risques, les personnes atteintes de maladies de longue durée. De contamination par contact interhumain, le virus se transmettait par les yeux, le nez, la bouche. Dans les hôpitaux parisiens et les centres hospitaliers du reste des régions françaises, 96 % des personnes décédées avaient entre 60 et 75 ans. Déjà en contact quotidien à divers microbes, les enfants représentaient un faible taux de transmission de la maladie. Les enfants étaient moins à risques, moins malades et moins gravement malades. Donc, les enfants représentaient la catégorie de personnes les moins hospitalisées. Les rares enfants admis aux urgences étaient des cas asymptomatiques. Trois à cinq enfants n'avaient pas des signes positifs de la maladie aux prélèvements. Leur système imminutaire rejetait avec virulence le Covid-19. Les jeunes de moins de 30 ans se dénombraient sur les lits des salles de réanimation. Les personnes au-dessus de 58 ans s'exposaient à la maladie. Malgré le décès à l'hôpital Necker à Paris, d'une jeune fille de 16 ans au mois de mars, l'adolescente devenait le visage collé aux ravages causés par le Coronavirus. Originaire de Morsang-sur-Orge à la banlieue Sud-parisien, la jeune fille ne présentait aucun antécédent de santé. Pleine de vie, l'adolescente était en contact de manière fortuite avec des personnes infectées au Covid-19. L'émotion pour les parisiens et l'ensemble des couches des populations qui réalisaient que le Coronavirus n'épargnait personne.

Le Covid-19 était contagieux. Une personne infectée contaminait deux à trois autres personnes. Ainsi, la progression de la maladie s'effectuait de façon rapide. La pathologie touchait un grand nombre de personnes du fait des rapports sociaux à différents espaces communs de vie : les gares, les parcs, les centres commerciaux, les marchés, les écoles, les cafés, les restaurants, les salles de spectacles, les rassemblements, les rencontres entre deux ou plusieurs personnes. À son passage, le Covid tuait. Le virus ne choisissait pas sa cible. Le taux de mortalité était encore non déterminé. Puisque l'épidémie n'était qu'à ses débuts. Depuis l'apparition des premiers cas positifs du Coronavirus, les États-Unis apeuraient 710 décès par jour selon une estimation rendue publique le 4 avril 2020 avant de grimper à un millier de morts au mois de juin. Pire bilan enregistré par le pays en 24 heures. L'État de New York notait 630 morts en un jour dont un bébé. Au fil des semaines, le pays dépassait la barre de 22 mille morts, passant devant les pays occidentaux les plus touchés par le Coronavirus. Très endeuillée, l'Italie se désolait par ses 240627 morts et 12 mille personnes hospitalisées. Premier pays d'Europe à ordonner le confinement total de sa population, l'Italie prolongeait la mesure de restriction des libertés jusqu'au 10 mai 2020. La France déplorait 230 à 310 décès toutes les 24 heures. Soit, 2314 morts contre 37575 cas. Avec 4611 cas supplémentaires le 28 mars. Le pic de l'épidémie atteint entre le 31 mars et le 6 avril, le pays s'affolait d'enregistrer 10849 morts. Le nombre des patients hospitalisés grimpait à 30875 dont 4173 patients en réanimation. Un haut plateau épidémiologique se dessinait. Dans les unités de réanimation, les drogues anesthésiques et les respiratoires sauvaient les patients. Les blouses, les masques chirurgicaux protégeaient les infirmiers, les aides-soignants, les médecins, les ambulanciers les pharmaciens, les délégués médicaux, les agents d'entretien, les ouvriers de la maintenance. Les distributions des masques privilégiées pour le personnel soignant. À coté de ces chiffres inquiétants, d'autres personnes sortaient de l'hôpital. Des personnes en convalescence, continuaient à prendre leurs médicaments à la maison. Des personnes vulnérables habituellement assistées à domicile ou dans les centres médico-sociaux. Enfin, 21254 personnes guéries du Coronavirus à partir du 8 avril. Des sorties des patients des salles de réanimation ou carrément des fins d'hospitalisations. Se comptabilisaient à ce nombre, d'autres guérisons spontanées en ville des personnes sans recours à l'hôpital. La joie de mon voisin Ignoux de retrouver sa fille née en son absence.

Première personne rencontrée à Clignancourt, Ignoux m'ouvrait la grille d'entrée de notre résidence d'habitation un soir quand je rentrais des courses.

— Vous avez des enfants. Il me paraît normal de vous ouvrir la porte de la clôture, vendait-il sa bonté. Puis, il m'indiquait le code d'accès à taper au digicode.

— Merci.

Jovial, mon voisin était constamment dehors. Plusieurs fois dans la journée, Ignoux ramenait des courses pour sa maison. Des vivres au matériel de bricolage utile aux diverses réparations quotidiennes. Le genre de choses à faire remarquer la présence d'un homme à la maison. Des bras habiles disponibles qu'admiraient les femmes à leurs foyers. Justement, Yollandie, sa compagne était enceinte. Le terme de sa grossesse s'annonçait pendant la phase du confinement. La prévision n'effrayait pas la future maman. Yollandie acceptait toutes les phases de l'hospitalisation recommandées au suivi de grossesse. Mais elle reportait certaines consultations chez les obstétriciens à cause du confinement pour éviter une contamination incidente au service de maternité. Dire que la psychose générale tétanisait. Tant, l'attente de l'enfantement n'était pas difficile à supporter. Mais l'angoisse en cette période de fin de grossesse augmentait. Nous nous croisions dehors dans la cour principale de notre résidence d'habitation. Mes chers voisins. Yollandie sortait prendre l'air. Son compagnon rentrait d'un moment à l'autre. Yollandie restait à la maison ; son compagnon allait chercher bonheur. Dehors, les yeux de madame surveillaient les mouvements d'ouverture de la grille d'entrée de la résidence. Monsieur arrivait par là. Ensuite, ils marchaient tous les deux vers le hall. Leur bâtiment jouxtait le nôtre. Mais les choses se compliquaient lorsque Yollandie m'appelait au téléphone, visiblement catastrophée.

— Tu as vu ce qu'ils ont fait à ma voiture ?

— Non.

— Ils m'ont taggué ma voiture.

— J'habite la résidence depuis huit ans. Il faut dire que la violence des mots gravés sur ma voiture est inimaginable : " Casse-toi d'ici ! tu es infecte ".

— Oh ! Quelle violence !

— Parce que Ignoux est malade. Igoux à chopé la saleté.. Eux, ils oublient que le virus est dehors dans la ville. N'importe qui peut entrer en contact avec le Covid. Donc, n'importe qui peut être contaminé et tomber malade.

— Dieu seul sait s'il y en a parmi eux qui ont déjà gobé le virus ! L'air que nous respirons dehors est pollué ; les objets que nous touchons partout où nous allons au cours de nos démarches quotidiennes.

— Pourquoi tant de violence entre voisins ?

— Simplement, ils l'ignorent. Le temps que la maladie se développe dans leur corps. Dès que la maladie s'aggrave par des signes manifestes, c'est à ce moment-là qu'ils vont être sous le choc. Ils vont regretter les méchancetés qu'ils ont déversées sur nous.

Yollandie contenait sa peur derrière ses propos mesurés. Doublement vulnérable par sa grossesse et l'affaiblissement de son compagnon, elle pleurait désespérément chez les rares voisins qui recueillaient sa plainte.

— D'autres, plus virulents, nous ont déposé des lettres anonymes sur le palier devant notre porte. Des lettres au contenu choquant : " Toi et ta saleté, nous ne voulons pas de vous ".

Ignoux avait contracté le Covid. Aux débuts, il toussait. Une gène bénigne qui ne contrariait pas outre mesure. La nuit, ses toux s'accentuaient. Igoux avait la respiration bloquée. Il tirait les poumons. Ignoux respirait mal. Pour préserver sa femme enceinte dont le terme de grossesse approchait, Ignoux allait consulter au toubib. Ce jour-là, il ne rentrait pas chez lui après la consultation. Le toubib l'envoyait à l'hosto. L'hôpital Lariboisière où il était immédiatement pris en charge, l'internait. Ses pensées fusaient vers sa compagne et son enfant à naître. L'angoisse de ne jamais plus les revoir. Cinq semaines d'hospitalisation l'éloignaient de Yollandie. Il n'assistait pas à l'accouchement. L'émotion d'un père de couper le cordon ombilical de son bébé. Privé de ce moment à la fois de gravité et de bonheur, Ignoux n'expérimentait pas la grâce engendrée avec la naissance de sa fille. Il regrettait son absence, pleurait comme un collégien sur son lit d'hôpital. Plus tard, Ignoux découvrait Victoire à la maison. Encore faible, il sortait de l'hôpital. Sa compagne l'immobilisait quelques instants devant le hall intérieur de leur appartement. La maman faisait durer le suspens.

— Où se cache la surprise ? se demandait-il impatiemment.

— Victoire !

Victoire, la surprise. Victoire, le prénom donné par la mère à sa fille venue au monde dans des circonstances particulières du confinement. Victoire, le souvenir de leur résistance à l'épreuve de l'épidémie du Coronavirus. Soulagement pour les parents, Yollandie et Ignoux.

L'épidémie était toujours active, et la tension à l'hôpital, forte. Tous les quatre jours, le nombre de cas positifs doublait. Les pays européens se confrontaient à une tension médicale simultanément : l'Italie, l'Espagne, l'Allemagne, les Pays-Bas, le Royaume Uni, la Belgique, la France. À ce stade de la pandémie, près de 200 mille morts recensés dans le monde. Les deux tiers en Europe depuis la déclaration du Coronavirus en Chine. Le vieux continent devenait le foyer épidémiologique Covid-19. En mars 2020, l'Espagne dépassaient la Chine à la fois par le nombre des cas positifs et le nombre des personnes décédées en lien avec le Coronavirus. En France, le 3 avril, un hangar hissé au marché international de Rungis, transformé en morgue pour accueillir les morts Coronavirus sortis des hôpitaux parisiens. Une initiative des pouvoirs publics destinée à permettre aux familles endeuillées de se recueillir. Mais aussi, accompagner le plus dignement possible leurs disparus en cette période difficile que traversait la société. La faiblesse dans la décision publique révélait l'ignorance du rapport important à la mort. Interdire l'adieu en posant des barrières sur les visites aux centres médico-sociaux ne correspondait pas aux convictions de l'imaginaire collectif face à la mort. On n'était pas en bonne santé parce qu'on attrapait le Coronavirus. De même qu'on mourait par le fait d'autres maladies ou souffrances de la vie tout autant que par le Covid-19. La mort étant un autre moment de la vie. Quand bien même cet autre moment s'appelait la mort. Les familles ne pouvant accompagner leurs proches pour leurs derniers mois de vie, leurs derniers jours, leur dernière année, rentrait dans les marques d'humanité qui nous caractérisaient tous. Le sentiment d'assistance et des transmissions. On n'éradiquait pas la mort en empêchant les visites des familles envers leurs proches malades ou agonisant. L'accompagnement ultime ce moment-là faisait prendre davantage conscience du sens de la vie pour ceux qui poursuivaient leur séjour sur terre.

L'observation à l'échelle mondiale dans 184 pays pointait près de deux millions de personnes atteintes du Coronavirus dont 250 mille personnes décédées. Face à la propagation de la pandémie à travers les continents, l'Organisation des Nations unies déclarait le Coronavirus comme catastrophe mondiale. Recommandant aux États-membres de prendre des mesures à caractère humanitaire pour libérer les prisonniers. Tous les pays se confrontaient à une tension médicale en même temps. En France, les autorités insistaient sur le respect du confinement des populations à leur domicile. En outre, les gestes barrières à respecter lors des déplacements dérogatoires des personnes. La dernière semaine du mois d'avril, les premiers résultats du confinement appréciaient une baisse du nombre d'appels aux urgences, une stabilisation de la courbe des décès. Les premières disponibilités apparaissaient au sein des unités de réanimation. Le 25 avril, l'hôpital Bichat à Paris fermait une cellule de soins intensifs sur les deux qu'il renfermait. Libérant l'activité de l'unité de soins à prendre en charge des patients ordinaires ou d'autres patients souffrant des problèmes respiratoires. Les débuts de la baisse de l'augmentation des hospitalisations en soins intensifs. Le Grand Est respirait. L'hôpital de compagne de Mulhouse, installé par le service médical des armées sur le parking de l'établissement, réduisait ses capacités opérationnelles. Autant de signaux encourageants espérant voir le bout du tunnel. En Île de France, la saturation redoutée des hôpitaux se contenait. Certains lits de réanimation se libéraient. Car 80 à 85 % des cas admis aux urgences hospitalières étaient des cas de personnes Covid présentant des signes bénins. Seuls 15% des cas avaient un caractère sévère et pour le coup, nécessitaient des soins intensifs. Les symptômes aigus se caractérisaient par d'insuffisance respiratoire, un manque d'appétit, une indifférence dans l'odorat. Les difficultés respiratoires du patient Covid se produisaient d'une part, à travers l'invasion pulmonaire par le virus. Les cellules pulmonaires peinaient à générer des défenses nécessaires à repousser le virus dans l'organisme. La conséquence, le poumon ne jouait plus son rôle optimal d'oxygénation de l'organisme. D'autre part, l'intrusion violente du virus dans le poumon provoquait des inflammations. Les cellules pulmonaires déformées, certaines présentaient des lésions importantes. Le patient ne respirait pas normalement. La région Île de France lançait un appel à l'aide en direction des entreprises franciliennes pour fournir aux hôpitaux, tout le matériel médical nécessaire : liquide hydro-alcoolique, appareils respiratoires, blouses, gants. Toutes les 72 heures, de plus en plus de personnes malades arrivaient aux urgences pour cause de maladie du Coronavirus. Mettant ainsi sous extrême tension, le système de soin général du pays. Première région à être touchée, le Grand Est. Mulhouse, Strasbourg, Alsace, Corse tiraient la sonnette d'alarme sur le débordement de leurs capacités d'accueil. Le 26 mars, un hôpital de compagne était ouvert sur le parking de l'hôpital Émile-Müller de Mulhouse. Les services de santé des armées, mis à contribution. L'armée entrait en campagne contre le Coronavirus. Le front soulageait les hôpitaux publics. L'action militaire aidait en outre, à transporter et transférer les malades. L'armée mettait à disposition ses portes-hélicoptères appartenant à la marine nationale, son avion gros porteur déployé par l'armée de l'air. La mission : évacuer rapidement les patients des zones à forte tension vers les régions les moins touchées par l'afflux des patients Covid. Le port de Marseille figurait parmi les quais où accostait un navire militaire. 344 patients transférés en Île de France vers l'ouest de la France depuis le 18 mars ; la Bretagne, le Loiret, la Nouvelle Aquitaine. Chaque jour, l'armée transférait plus de 20 malades. L'aéroport d'Orly au sud de Paris, fermé aux vols commerciaux. La plateforme aéroportuaire servait aux opérations d'évacuation des malades Coronavirus. Une cinquantaine de soignants appartenant au service médical des armées s'y employaient. Complétait les ressources humaines, la réserve sanitaire. Les étudiants, les retraités, les délégués médicaux, certains élus locaux ou nationaux. Des parlementaires, des adjoints au maire remettaient leurs blouses blanches. Ils entraient en scène. La valse des blouses blanches montait. Les uns rejoignaient leurs cabinets médicaux ou cliniques en ville. Les autres prêtaient mains fortes au personnel déjà sur le pont dans les hôpitaux. L'effort collectif observé durant la crise sanitaire cimentait l'unité nationale. Face à la mobilisation des forces vives de la nation, l'ennemi reculait dès la deuxième semaine du mois d'avril. Du jamais vu dans une mobilisation depuis la fin de seconde guerre mondiale.

Sur les rails, les trains à grande vitesse, transformés en trains médicalisés. Les départs croisés à partir de la gare Paris Austerlitz vers le Loiret, le Bretagne, la Nouvelle Aquitaine. Puis, de la gare de Strasbourg vers le sud de la France. La première prouesse de train médicalisé partait de Strasbourg à destination de Montpellier. Une combinaison d'efforts sous fond de meilleures répartitions des patients en grande souffrance vers d'autres hôpitaux les moins engorgés. Le calcul régulait le flux des patients arrivés aux urgences et admis au sein des unités de soins intensifs durant la crise.

Dans l'Outre-mer, deux navires militaires se positionnaient sur les côtes aux mêmes fins : un bâtiment en océan indien pour les Français de l'île de la Réunion, l'Île aux parfums communément appelée, Mayotte. La Nouvelle Zélande bénéficiait de l'assistance de l'État durant cette situation exceptionnelle qui dépassait sa seule compétence locale. L'autre bâtiment en Guadeloupe et en Martinique pour l'ensemble des Français des Caraïbes. 27 décès déplorés en Outre-mer dont seize dans les Îles de Guadeloupe, huit en Martinique, quatre en Guyane, cinq à Mayotte. En été, la cartographie des zones à fort taux d'incidence virale se noircissait pour ces deux derniers départertements d'Outre-mer et en

Mayenne, cœur de la métropole. La situation amenait les autorités à doubler leur vigilance sur ces régions du territoire. Une campagne sans précédent menée sur tous les fronts pour contenir la vague épidémique Covid-19. L'action permettait au monde médical de trouver des réponses aussi rapides que possibles à soulager les populations, à endiguer l'épidémie.

Ainsi, la stratégie gouvernementale pour empêcher la propagation du Coronavirus reposait sur trois aspects : le premier, freiner la diffusion du virus en édictant les mesures du confinement, décision avérée efficace à ralentir la progression de la maladie au milieu des populations. Première ville à recourir au confinement général de sa population, Wuhan, épicentre de l'épidémie. Le même procédé, étendu à la province de Hubei toujours en Chine dès janvier 2020. Pékin, Hongkong et d'autres villes du sud-est asiatique ne faisaient pas l'objet de la mesure du confinement. La stratégie, continuer à faire tourner l'économie et nourrir la nation chinoise. Les autorités généralisaient les tests et les dépistages systématiques des populations, des mises en quarantaine des centaines de cas avérés positifs. Trois mois de confinement des populations des villes impactées par le Coronavirus permettaient aux autorités chinoises de contenir les personnes contaminées, résorber la vague épidémique. La mesure restrictive des libertés levée progressivement la mi-avril. Au grand soulagement des habitants qui reprenaient leurs activités quotidiennes malgré la baisse d'intensité par rapport à la période avant la survenance du virus. Seul l'aéroport de Wuhan restait fermé. La décision traduisait la volonté des autorités chinoises d'épargner à la ville et à l'ensemble de la province Hubei, la recrudescence de la maladie avec l'apparition des nouveaux cas positifs dus aux personnes en provenance de l'étranger. En revanche, les ressortissants contaminés à l'étranger subissaient des dépistages systématiques. Lorsqu'ils arrivaient par avion, ils étaient obligatoirement placés en observation. Les cas positifs, pris en charge dans les établissements de soins et autres cellules d'isolement. Les États-Unis tardaient à adopter la mesure de distanciation sociale, les gestes barrières et le port du masque. Puisque le pays fermait très tôt ses frontières aériens avec l'Europe et le Canada jusqu'à nouvel ordre ; en attendant la fin de l'épidémie dans ces pays amis. Plus tard, les américains se rendaient à l'évidence. Ils recouraient au confinement après avoir atteint la pente de crête de la progression épidémique Coronavirus. Le graphique effrayant de la courbe calquait dix mille morts. Floride, New York arrêtaient le confinement de leurs populations. Ensuite, Californie. Puis, d'autres États fédérés assombris par l'invasion impitoyable du Covid-19. Le 18 mai, les États-Unis atteignait 90209 morts en lien avec le Coronavirus, passant en tête des pays occidentaux les plus touchés par la pandémie.

En Europe, l'Italie, première de la classe à appliquer le confinement total de sa population. Les transalpins surprenaient leurs voisins européens dès le mois de février. Une décision radicale intervenant après avoir constaté plus de décès depuis le début de la pandémie par rapport à la Chine. La ville éternelle, Rome, les capitales d'affaires, Naples, Milan, Turin, connaissaient une baisse considérable du nombre des cas positifs au Covid-19 et, par conséquent, du chiffre d'activités.

Le deuxième aspect de la stratégie gouvernementale dans la gestion de la crise épidémique Coronavirus présentait l'augmentation de la capacité d'accueil des personnes admises aux urgences et aux unités de réanimation des hôpitaux. L'objectif, permettre au personnel soignant, aux ambulanciers, aux délégués médicaux, à cette chaîne en première ligne au front contre la maladie, de traiter les patients dans les meilleures conditions possibles. Sans besoins pour les médecins chefs de choisir entre les patients à traiter en urgence et les patients à reporter leur prise en charge hospitalière. Avec l'activation du plan blanc dès le mois de février, plusieurs hôpitaux parisiens déprogrammaient les opérations jugées non indispensables. La priorité consistait à gérer la tension médicale. Cela n'excluait pas le suivi régulier des personnes atteintes des maladies de longue durée. La doctrine médicale en l'espèce garantissait la continuité de soins pour les personnes fragiles.

Avant la survenance de l'épidémie, l'ensemble des hôpitaux de la région Île de France disposaient des capacités d'accueil en réanimation estimée à 1200 lits. Depuis le mois de mars 2020 jusqu'à la période du pic épidémiologique, la première semaine du mois d'avril, la capacité d'accueil des patients en soins intensifs montait en puissance. Des lits avaient été transformés pour les rendre conformes au matériel nécessaire dans les unités de réanimation. Du coup, la capacité d'accueil en réanimation doublait à 2400 lits. Une première dans l'histoire médicale nationale. Une combinaison d'efforts entre hôpital public et hôpital privé, résultat des meilleurs choix possibles effectués par les pouvoirs publics en cette période de mobilisation générale. Les bienfaits de l'intelligence collective à adapter les réponses en fonction non seulement des demandes, mais aussi la gravité de la crise sanitaire que traversait le pays.

Dimanche 29 mars : 292 nouveaux cas positifs au Coronavirus enregistrés dans les hôpitaux. 40174 personnes contaminées. Un rebond des cas de toxicité cardiaque signalés aux cellules de réanimation des hôpitaux en Île de France. Au 8 avril 2020, l'Europe pleurait 60 mille décès depuis le début de la pandémie. Plus 1,5 millions de cas positifs au Covid-19. L'Espagne, 23190 morts indiqués la dernière semaine du mois d'avril, dépassait l'Italie en nombre de morts. Le pays prolongeait le confinement de sa population de deux semaines. Soit, jusqu'au 25 avril. Au Royaume Uni, 500 décès en un jour, dont un bébé. Les Britanniques franchissaient la barre de dix mille morts. Le bilan s'alourdissait à 30 mille décès au mois de mai, poussant le autorités à prendre conscience de la dangerosité du Covid-19. Après un relâchement tant des populations que de la classe dirigeante, le Royaume Uni innovait. Les pouvoirs publics installaient le plus grand hôpital au monde avec une capacité de 4000 lits. Le complexe hospitalier situé aux berges d'une île renfermant un centre commercial. Les professionnels du monde médical craignait la recrudescence d'une deuxième vague des cas Covid. D'autant qu'en début mai, le Royaume Uni totalisait 28131 décès. L'Allemagne notait cinq fois moins de morts par rapport à la moyenne européenne.

En France, le pic s'approchait entre le 31 mars et le 8 avril. Le constat affichait 509 décès les dernières 24 heures. Le 19 mai, le nombre de personnes décédées atteignait 28309. Tous les soirs à la télévision, Santé publique France informait quotidiennement l'opinion sur l'état de la crise sanitaire dans le pays.

Quelques semaines plus tard, pendant le confinement, les premières lueurs d'espoirs venaient du côté de Mulhouse où un début de baisse des personnes admises en réanimation s'affichait à partir du 3 avril. La veille de Pâques apportait de l'espoir. Le taux d'admissions des patients Covid baissait de 12 %. Les appels au secours médical, moins nombreux. Les services de réanimation se reprogrammaient. Les unités de soins intensifs désengorgeaient la pression, comparée aux débuts du plateau épidémiologique. Au niveau national, la courbe du nombre de décès amorçait la décrue. Soit, 4313 morts à raison de 700 en une journée. Le 2 mai, la France déplorait tant en milieu hospitalier qu'en centres médico-sociaux, 24613 morts en lien avec le Coronavirus. D'autres cas de personnes décédées à leur domicile par le traumatisme de l'enfermement. Parce que les gens craquaient. D'autres désespéraient. Le désarroi surtout, lorsqu'ils ne voyaient pas l'horizon dessinant la fin de l'épisode critique de la maladie. Vivre dans l'angoisse permanente était quelque chose d'effroyable à supporter au quotidien. Les chiffres au demeurant alarmants, semaient l'effroi dans les familles éprouvées. Plus difficile, les familles dont certains membres interdits de visites aux établissements d'accueil de soins et d'hébergement des personnes âgées, des plus fragiles. La même désolation s'observait chez les personnes faisant l'objet d'une assistance à domicile. Des personnes confinées parfois seules à leur domicile étaient emportées par le Coronavirus.

Enfin, le troisième aspect de la stratégie gouvernementale pour lutter contre la propagation du Covid-19 tablait sur la multiplication des tests sérologiques, les essais cliniques préconisés par les protocoles médicaux proposés par les médecins et chercheurs français. Pour la première fois dans l'histoire médicale, la collaboration avec d'autres équipes de chercheurs européens engagés, eux aussi, dans la lutte contre le Covid-19 fonctionnait. D'échanges d'informations au sujet de la recherche, des méthodes utilisées par les uns et les autres, fonctionnaient. L'approvisionnement des pharmacies en médicaments et autres matériels indispensables à tenir le choc provoqué par la crise sanitaire, les distributions des masques. Pour ce dernier problème, les pouvoirs publics encourageaient les populations à utiliser des masques alternatifs. Y compris des masques en tissu, lavables à l'eau puis réutilisables. À la différence des masques chirurgicaux ou des masques dits canards, réservés au personnel soignant à cause de l'insuffisance des stocks dans la défense nationale. Le virus se transportait facilement dans l'air. L'habileté du discours politique changeait à cause à la fois du caractère inconnu de l'ennemi et l'insuffisance des stocks stratégiques, des productions nationales de masques chirurgicaux. À cela s'ajoutait le retard d'arrivée des masques aux points de livraisons.

Claimelle attirait mon attention sur les points d'informations quotidiennes dressés à la télévision. Les populations s'informaient quotidiennement sur les dangers réels de la présence de l'épidémie. Je l'écoutais. Le soir à 20 heures, je me posais à la fenêtre de mon appartement parisien situé au rez-de-chaussée. Les rideaux écartés, le panneau principal poussé vers la cour intérieure. Yaël, mon fils aîné, me bousculait pour voir ce que je fabriquais. Mon autre fils, le benjamin, se frayait une petite place au bord du radiateur fixé en bas de la fenêtre. La télévision allumée sur la chaîne publique où se diffusait la grande édition du journal. Soudain, des cris émanaient de loin. Les voisins, les passants entraient en effervescence. Des cris, des chants, des clappements des mains, des sifflets. Une note de piano s'entonnait. Le quartier de la Porte de Clignancourt, à l'ouest du boulevard Ney, se mouvait. Les parisiens saluaient la bravoure du personnel soignant. Les parisiens le facilitaient comme la plupart des millions de français le soir à cette heure-là. Quoi que sous payés, le personnel hospitalier, les pharmaciens, les intervenants des secours médicaux, les professionnels de la médecine en ville continuaient à soigner les gens. ils n'opposaient pas leur droit de réserve par le fait d'être exposés au virus. Le contact aux patients ne les effrayaient pas. Par leur courage, ils sauvaient des vies. Un hommage spontané et appuyé, rendu par toutes les couches de la population. Une gratitude envers ceux qui tendaient la main aux gens à qui la vie tournait le dos à cause de la maladie. Le sentiment d'humanité rejaillissait avec force chez les parisiens.

3

La désolation au visage des voyageurs

Braver l'ordre de rester confiné à la maison pour vivre quelques instants de bonheur à l'extérieur m'agitait. La même envie tenaillait Wils Grâce. Faire l'expérience d'un amour non permis, quelle insouciance ? Le virus circulait dans l'air jusqu'à quatre mètres d'une personne à l'autre. Virulent, le microbe attaquait sans crier garde. Il ne choisissait pas ses cibles. Les personnes récalcitrantes aux mesures de confinement et de distanciations sociales hurlaient la bouche ouverte sur les lits des salles de réanimation. D'autres malades ordinaires aussi. Dire la gravité de la crise sanitaire et la nécessité de prendre la mesure du danger. D'autres personnes respiraient à l'aide des tuyaux en plastique. Des appareils respiratoires qui les maintenaient artificiellement en vie. Pour combien de temps encore ? Dieu seul savait. Inutile de jouer les durs face au règne impitoyable d'un agent dantesque. Les conséquences après le temps d'incubation paraissaient cataclysmiques. La charge virale chez le patient sur le lit de réanimation était forte. La désolation, l'affliction généralisée aussi bien dans les familles que chez les proches, les amis. D'où, l'appel à la responsabilité individuelle. La santé étant l'affaire de tous, chacun se convenait à respecter scrupuleusement les recommandations que les médecins formulaient à longueur d'émissions et des chroniques médias. Chacun obtempérait aux décisions que les autorités déroulaient quotidiennement aux points d'actualité quotidienne à la télévision. Faire attention ; restez à la maison ! Parce que l'ignorance tuait.

Wils Grâce avait envie de me voir. Le même attrait m'agitait. Je n'osais pas lui dire le premier par crainte d'essuyer un râteau sur la figure. Maintenant qu'elle voulait expérimenter ses désirs, cala me confortait. Nos intentions se croisaient. Passer un peu de temps ensemble nous sortait de la psychose, nous enlevait le stress. Le confinement à la maison accentuait la tension nerveuse. Mon appartement parisien, étroit, contraignait les enfants à tourner en rond. À force de jouer à faire les mêmes choses, crier et mimer les figurines de leurs acteurs de la manière représentée par leurs jouets, mes deux garçons s'ennuyaient. Parfois, ils manifestaient les signes de nervosité. J'intervenais pour les séparer. Ils se calmaient. Mais pour combien de temps ? L'atmosphère de désolation gagnait la maison. L'air lourd dégagé par la circulation virale soufflait sur la ville. Je surveillais l'heure une fois le déjeuner terminé pour envoyer mes enfants se reposer une demi-heure au lit dans leur chambre. L'après-midi ne passait pas vite. Cela perturbait mon psychisme. Quand je m'assoupissais en milieu d'après-midi sur mon canapé devant la télévision, mon sommeil s'interrompait sous les avertissements des autorités sommant de rester chez soi. Le même spot d'alerte Coronavirus repassait toutes les heures à la suite des émissions télédiffusées. Mes enfants répétaient les paroles. Ils considéraient le communiqué officiel

Coronavirus comme une réclame. Voilà une semaine déjà que la vie s'arrêtait. Je respirais l'air confiné de mon appartement. Aucun bruit des voisins ne me rassurait que je vivais en collectivité. Le calme plat dominait derrière les murs mitoyens de mon appartement. Tout le monde attendait. Toute une société figée à attendre que la terreur imposée par le Covid-19 disparût. Pas même un bruit de chute d'objet le matin ne me réveillait. D'habitude à ces heures des débuts de matinée, entre huit heures et dix heures, le gardien nettoyait les parties communes de la résidence. Je l'entendais siffloter, bravant le froid, errant de la cage d'escalier à l'ascenseur, faisant tomber par mégarde l'extension de son manche à balai ou son énorme pince à ramasser les ordures ménagères et d'autres détritus qui trainaient au sol. Les mégots de cigarette laissés par terre. La signature du passage des rares dealeurs du boulevard Ney ayant des complicités parmi les résidents. Ils abandonnaient leurs emballages devant la grille d'entrée de la propriété. Les caïds immatures du coin agissaient en mécontentement du changement du code digital d'accès à la propriété imposé par notre bailleur social. Les dealers du quartier échouaient à la sortie du métro, accrochaient leurs clients de fortune. L'œil de la police du haut du lampadaire à l'angle du feu rouge observait les mouvements suspects des marchands illégaux. Les migrants, très nombreux en errance dans le coin, se faisaient recruter par les dealers. Pour certains, leur survie en dépendait. Pour d'autres, une étape supplémentaire dans leur parcours d'intégration. L'oeil de surveillance publique ouvert par le commissariat de police activait la descente d'une brigade. Une délinquance au quotidien, bien connue au XVIIIème arrondissement. La surveillance électronique à distance baissait considérablement le trafic souterrain du crac à Porte de Clignancourt. Mais il ne l'éradiquait pas. L'ordre de confinement infligeait un coup sévère à la sale bésogne. Les affaires périclitaient. Puisque le marché aux puces de Saint Ouen était fermé au même titre que tous les lieux de rassemblements des gens ; eu égard aux mesures du confinement. La ronde de la brigade de surveillance urbaine déployée par le commissariat de police du XVIIIème situé en contre-bas de la mairie à l'entrée Est de Montmartre, s'intéressait davantage à vérifier les autorisations dérogatoires de déplacements qu'à la délinquance ordinaire. Quant à la brigade urbaine anti criminalité et l'unité spécialisée de lutte contre la grand banditisme et le trafic des stupéfiants de l'agglomération parisienne, elles traquaient les têtes de réseaux, les gros poissions au sens du jargon policier. Les véhicules, les motos, quelques personnes postées à l'angle du restaurant rapide étaient systématiquement contrôlées. Parfois, le passage du tramway à proximité perturbait le travail policier. Les fonctionnaires de police contraints par la circonstance, de battre en retrait ou bâcler leurs contrôles. Car les attroupements et l'obstacle par le passage régulier du tramway les mettaient inéluctablement en situation de danger.

Wils Grâce s'impatientait. Elle s'agaçait de la lourdeur du confinement. Le temps s'allongeait. L'heure n'avançait pas. Je décidais de prendre les transports pour ramener mes enfants temporairement à leur maman. Les dérogations administratives prévues dans le cadre des mesures nécessaires prises par les autorités pour limiter les déplacements le permettaient. À cet effet, je remplissais mon formulaire imprimé que j'avais réussi à télécharger du site officiel du gouvernement mise en place au titre des mesures nécessaires à lutter contre l'épidémie du Coronavirus. Mes enfants chez leur mère, j'étais léger. Libre, je profitais avec Wils Grâce. Une liberté fortement altérée par le poids des restrictions des distanciations sociales édictées par les pouvoirs publics. Une demi-heure de voyage pour arriver à Fontenay-sous-Bois. Le trajet à l'est parisien imposait des correspondances entre le tramway et le train urbain en direction de Tournan-en-Brie. J'évitais la ligne quatre du métro pourtant plus rapide. Il n'y avait qu'à changer de train à la station Les Halles. Je craignais tomber dans un contrôle de police. D'autant qu'en exécution des mesures du confinement prises par la hiérarchie, les fonctionnaires de police travaillaient aussi à faire du chiffre. Ils se tenaient en fractions aux entrées des principales gares parisiennes, aux stations de métro les plus fréquentées. Histoire de montrer leur implication à faire respecter les interdictions en ces temps qui couraient. Donc, chacun roulait un peu pour sa cause. Moi, le premier d'ailleurs.

Wils Grâce avait envie de casser l'ennui. S'envoyer en l'air, pourquoi pas ? Se sentir désirer, vivre la passion d'un instant. En tout cas, rêver d'amour pour quelqu'un qu'elle affectionnait. En plus d'avoir réussi l'alchimie entre nous. Suivant ses plans, nous cultivions notre érotisme dans le confinement et brisions l'interdit. Wils Grâce me pressait d'arriver à Montparnasse jeudi en fin de matinée. L'heure propice à déjeuner ensemble, un tête-à-tête en amoureux. Quitte à retourner chez moi dans le XVIIIème en début de soirée.

— Il y a des barrières de police partout.

— On entend que ça en ce moment : gestes barrières à respecter, barrières de police à ne pas franchir ; sous peine d'amende, boudait-elle.

— Tout ça pour nous protéger et protéger les autres.

— Les autres ! Comme si les autres se souciaient de moi !

— De nos jours, chacun vit tellement dans ses préoccupations.

— Un peu de civisme quand même. L'amour subsiste.

— Heureusement que l'amour ne finit pas.

— Nous en avons pour la vie.

— L'amour est dense, je le sais.

— Alors, respectons un peu les barrières.

— Justement, trop de distance tue l'amour.

— Le microbe circule dans la ville. Il ne nous est plus possible de sortir comme avant.

— Viens seulement ! Vivons l'amour à la maison. On ne sait pas combien de temps il nous reste à vivre avec tout ce qu'il se passe.

L'amour adoucissait la guerre, permettait la détente. L'amour arrêtait la guerre. L'expression des sentiments aidait à surmonter la désolation. Nous combattions l'angoisse causée par l'épidémie en ravivant la flamme de l'affection. L'un près de l'autre, nous nous attendrissions, chassions l'anxiété. La fusion des corps repoussait nos craintes. L'insouciance de nous amuser relativisait que la situation finirait par être maîtrisée. Par l'amour, nous tenions bon.

— Laisse-moi descendre à Fontenay déposer mes enfants à leur maman.

— D'accord. Fais-vite ! J'étouffe.

Je montais dans le tramway. Aux visages des voyageurs se lisait la désolation. La rame quasiment vide par rapport à l'accoutumée. Installé en queue du tramway, je voyais le dos du conducteur à 15 mètres loin à l'avant. Une bonne distance me séparait d'un, de deux, de trois autres passagers. Nous étions à bonne distance des sièges les uns des autres. Personne ne parlait à personne. Personne n'osait demander le moindre renseignement. Tout le monde baissait la tête comme s'il fallait esquiver de prendre sur la figure, un jet de crachats par inadvertance. Comme le virus s'attrapait en contact par la bouche, le nez, les yeux. Parfois, les gens évitaient de se regarder. Le poids des mesures de distanciations sociales pesait sur les consciences. Je bravais l'interdiction une première fois. Mes nerfs tendus à surveiller si une équipe de contrôle de police entrait dans la rame à la prochaine station.

Le tramway circulait lentement. Le paysage défilait sans intérêt pour un désir de contemplation. J'étais contrarié. Le tram s'arrêtait à une station sans trop s'y attarder. Puis, il arrivait à la station Porte de la Chapelle. Approximativement, quatre personnes montaient par les trois portes latérales qui s'ouvraient automatiquement. Je reconnaissais les personnes en addiction à la drogue, très fréquentes dans cette partie nord du XIXème arrondissement. En plus, le quartier abritait la colline, un campement de fortune monté sous l'énorme échangeur entre le périphérique ouest et l'autoroute nord. L'endroit, réputé pour le commerce souterrain de la cocaïne. À l'heure du confinement général des parisiens, le campement venait d'être démantelé sur ordre de la préfecture de police. Certains occupants répartis dans les gymnases et les lieux d'hébergement d'urgence. Ils se remarquaient par leurs foulards autour de la bouche, leurs écharpes abîmées, leurs pulls portés à toute heure de la journée pour se protéger du coup de froid interminable dans leur errance quotidienne. Les températures stagnaient en dessous de la normale saisonnière. Tandis que nous abordions le printemps, le froid jouait les prolongations. Quelques irréductibles consommateurs de cocaïne rompaient le silence. Ils quémandaient les pièces de monnaie, les tickets restaurant à quelques rares voyageurs à bord du tramway. Des migrants aussi. Ces derniers, continuellement en errance dès que le jour se levait. Une persistance de la précarité à l'intérieur de la vie parisienne. Le rond point de la Chapelle étonnamment vide. Tout le contraste des bouchons en temps normal. Un car de gendarmerie stationnait sur le côté du trottoir au feu rouge, face à l'entrée du boulevard périphérique nord. Perpendiculairement au car, un véhicule de logistique de la même compagnie des forces de l'ordre barrait la piste cyclable au point de stationnement des bus de la régie parisienne des transports urbains de voyageurs. D'autres angles du carrefour se noircissaient des militaires en fractions de quatre, six, huit éléments. L'arrêt marqué par le tramway dépassait les cinq minutes. J'avais peur. Un signal de régulation maintenait momentanément la machine roulante à cette station. La régulation terminée, le tramway repartait. J'échappais une nouvelle fois à un contrôle. Du moins, s'il se produisait. Dans son parcours, le tramway croisait parallèlement aux rails, les véhicules de police et de gendarmerie en patrouilles le long du boulevard Ney entre la place de la Chapelle et la Porte d'Aubervilliers. La surveillance policière dans les deux sens de circulation au bord de la voie ferrée urbaine visait les trafiquants de drogues et les attroupements des migrants. Soudain, les craquements de la rame accordéon du tramway indiquaient que la machine opérait un virage à 45 % pour arriver à Porte de la Villette. À travers la fenêtre, mes enfants reconnaissaient le centre commercial jouxtant la Cité des sciences et de l'industrie.

— Vill'up, criait Yaël, en observant l'enseigne de culture, loisirs et shopping pour l'avoir fréquentée des semaines avant la crise sanitaire. Nous y venions lorsque nous sortions en famille.

— C'est fermé, Yaël.

— Zut ! regrettait l'enfant.

Un groupe de voyageurs descendaient. Le tram se vidait du peu de voyageurs à bord. Il n'y avait pas d'affluence à cette station. D'une manière générale, le calme prévalait à tous les arrêts. L'intérieur du tramway offrait un décor insolite. Le bruit de la machine roulante cristallisait les regards absents des usagers. Sur les visages graves des voyageurs se lisait la désolation. Comme des objets d'expérimentations, nous subissions la terreur imposée par la présence du Covid-19 dans notre vie quotidienne. Vivre avec le virus rendait la situation préoccupante. On arrivait à destination ou on continuait le trajet, l'angoisse demeurait. La tension sanitaire Covid-19 suspendait les désirs et les plaisirs du quotidien.

L'esplanade de la gare Rosa Parks était déserte. Sur la cour, Yaël s'offrait une petite parade de trottinette. L'enfant décompressait.

— Tu restes à côté de papa !

— On reste groupé, Yaël, lui rappelait son petit frère.

Relaxé, mon garçon retrouvait ses meilleurs moments de la cour de récréation. J'interrompais son plaisir à cause du témoin actif vert et rouge brillant du haut des caméras de surveillance de la ville perchées au lampadaire. L'œil vigilant de la surveillance publique veillait. Le Fort d'Aubervilliers à proximité était prêt à dépêcher une unité d'intervention de la gendarmerie pour faire respecter la mesure du confinement des populations. D'autant que ce coin du XIXème attirait du monde. Un point stratégique reliant Aubervilliers, le centre commercial *Le Millénaire* et le boulevard Mac Donalds au rond point de la Porte d'Aubervilliers. Encore une fois, les prouesses des stratégies globales et innovantes d'aménagement urbain. La mobilité des habitants, facilitées par la passerelle jetée sur le boulevard périphérique - est parisien. La finalité des travaux ainsi réalisés visait à relier la banlieue, Aubervilliers et la capitale, Paris, à cet endroit fréquenté. Des nouveaux commerces. Des activités se densifiaient. Les loisirs aussi. Le secteur classé, zone de tension policière par la préfecture de police. Il n'y avait pas lieu pour mes enfants et moi, de trainer à cet endroit. Surtout, en cette période de restrictions des libertés. J'entrainais mes enfants avec moi. Je tenais mon autre fils, le benjamin, par la main. Yaël roulait. Il avançait derrière avec sa trottinette. Il nous effrayait en zigzaguant. Parfois, Yaël roulait vite et nous dépassait. Lorsqu'il était loin devant nous, il faisait demi-tour et nous rejoignait. Propre à son âge, le gamin s'éclatait. Nous franchissions les tourniquets de la gare laissés ouverts. Parce que, d'après les multiples conseils de tout le monde y compris des apprentis infectiologues, le microbe restait coller sur les cartes de crédits, les cartes de transports. Dans la mesure où ces cartes servaient dans la journée. Le microbe s'accrochait aux abords des tables et plan de travail utilisés par les gens. Le virus survivait jusqu'à trois heures sur certains objets à usage public quotidien.

— Ne touche pas les bords du tourniquet ! Il y a des microbes.

— Oui, papa.

— Il y a le Coronavirus, précisait mon autre fils, le benjamin.

— Très bien, mon pouponnet. Tu comprends les choses.

Je félicitais mes enfants pour leur attention aux mises en garde permanentes par rapport à l'épreuve que nous traversions cette période-là. Désormais, nos mouvements s'adossaient à la ligne générale du changement des habitudes. Mes gamins respectaient les consignes. Au point que certaines leur paraissaient banales. Des protocoles de sécurité sanitaire, indispensables pour nous protéger et protéger les autres. Nous nous sentions plus exposés aux microbes que nous ne l'étions quelques semaines encore avant l'arrivée de la galère. L'épidémie changeait nos habitudes, dessinait la nouvelle forme de société à bâtir une fois cet épisode terminé.

Sur le quai de la gare, je comptais les voyageurs : quatre au total. Chacun se tenait à bonne distance. Car le virus circulait dans l'air sur une distance de quatre mètres entre deux personnes. Plus loin, un autre voyageur se positionnait en tête de train, ignorant que seuls les trains courts circulaient. En raison des réductions du trafic en application des mesures publiques de limitations des déplacements. Le voyageur nous tournait le dos. Il parlait fort au téléphone. À l'autre bout du quai, aucun usager. Quelqu'un attendait le train assis dans l'abri vitré aménagé. Sur la partie principale du panneau latéral de l'abri vitré, une affiche vantait : " votre gare se modernise jusqu'en 2030. Des nouveaux espaces de vie créés pour mieux vous accueillir au quotidien ". La petite histoire illustrée pour détendre les voyageurs. L'histoire entraînait dans un voyage au site de l'est parisien très ferroviaire en remontant au temps de la gare Est-Ceinture à l'ère actuelle de la gare Rosa Parks. Les affiches publiques le long des murs bordant le tunnel restituaient la vie passée du secteur. Les différentes phases de transformations de la gare entre 1884 et 2016. Près d'un siècle et demi d'une agglomération Est parisienne très ferroviaire, en mutation.

Nouvellement mise en service, la gare Rosa Parks faisait déjà l'objet des travaux. Les bénéfices du plan de rénovation urbaine à grande échelle lancé en

2011 par la région Île de France. Le plan baptisé : Grand Paris express. Le prolongement de la ligne de train urbain jusqu'au quartier d'affaires La Défense. Contre la gare Haussmann Saint Lazare, le terminus actuel des trains. De plus, les gares s'adaptaient à accueillir les personnes à mobilité réduite, limitaient les accès pour les impératifs de sécurité des voyageurs. Cela, les hauts-parleurs ne diffusaient pas. Seule passait en boucle, l'information Coronavirus. La préoccupation du moment. Les nouveaux comportements à adopter pour faire face à la propagation du Covid-19. Les écrans d'affichage en gare annonçaient la baisse considérable du trafic les prochains jours. On comptait un train sur trois aux heures creuses et un resserrement à un train sur deux aux heures de pointe. Pour ce soir, la circulation des trains cessait à 22 heures. Uniquement en direction de la province. Un peu plus tôt dans le sens inverse province vers Paris. À la demande des autorités, la compagnie publique de transports décourageait les usagers et les clients à sortir en diminuant l'offre des trains mis en circulation. La gêne prolongeait le temps d'attente entre deux trains aux heures creuses. Les annonces sonores en gare recommandaient aux usagers d'annuler leurs déplacements non indispensables. " Restez à la maison ! " La principale consigne.

— " Si vous êtes malade, restez chez vous ! " ajoutait le communiqué.

— Papa, j'ai entendu parler comme à la télévision.

— Qu'est-ce que tu as entendu ?

— Restez chez vous !

— Bien, mon pouponnet.

Sauf que là, papa ne restait pas à la maison. Papa trainait avec ses enfants. Pour aller où comme ça ? Chercher l'amour, assurément. Une situation dangereuse pour la santé des plus petits et des personnes particulièrement vulnérables. Le virus attaquait sans crier garde. Il ne choisissait pas ses cibles. Quelques moments d'imprudence ou de manque de civisme, les conséquences étaient graves.

— C'est compliqué pour vous de sortir comme ça avec deux enfants. Je comprends que vous n'avez pas le choix, me questionnait habilement une demoiselle coiffée en mèches longues façon locks.

Ses tresses me renvoyaient aux origines créoles de ma voisine de quai. Visiblement agacée par le retard pris par le train, la voyageuse cherchait à parler avec quelqu'un. Une façon de contenir son temps d'attente, dissiper sa traque. Je saisissais l'invitation. J'amorçais la connaissance :

— Je les ramène à leur maman.

— Parce que la maman n'habite pas avec vous ?

— Divorcé. Je suis divorcé.

— Pauvres enfants ! Dure épreuve pour eux de subir les déplacements.

— Les conséquences du divorce.

— Un coup avec vous, un coup avec leur maman.

— Les conséquences du divorce.

— Les bêtises des adultes payées par les enfants.

— Mon divorce a été prononcé il y a deux mois. Je m'y fais avec mes enfants.

— Les pauvres n'ont rien demandé dans l'histoire !
— Partagez-vous la garde ? enquêtait davantage ma voisine de quai.
— J'alterne à m'occuper, à surveiller, à entretenir, à éduquer mes enfants avec leur mère.
— Vous comprenez votre situation. Vous avez l'air de bien vous en sortir.
— Obligation parentale légale.
— De toute façon, on est tenu de veiller à la bonne croissance des enfants, à leur épanouissement.
Je subissais l'enquête. Apparemment, mon personnage de père avec enfants l'intéressait. Mon attention envers mes enfants faisant la différence. Cela plaisait à ma voisine. Un moment, elle me fixait des yeux, me transperçait l'esprit pour lire dans mes pensées. Soudain, je saisissais l'instant propice. Je renversais la discussion.
— Combien d'enfants avez-vous ?
— Aucun.
Je n'osais pas enquêter plus loin. Je remarquais le vide dans sa situation matrimoniale. D'autant plus que dans mon cas, je recherchais une femme avec qui me poser. Si affinité il y avait, évoluer dans une vie commune. Je refusais les simples parades, les unions sans perspectives intéressantes en termes de vie familiale. Puisque j'avais deux enfants. Si, d'aventure, je venais à me poser avec une femme, je souhaiterais vivre avec elle le plus longtemps possible. Ma quête d'affection reposait sur l'objectif de m'installer dans ma vie avec une femme. J'alignais des hypothèses en utilisant souvent la condition circonstancielle. Je m'aménageais une forme de prudence " si ". En cas d'échec, j'amortissais le choc d'un revers essuyé par le rejet opposé par une femme que je convoitais cette période-là.
— Je ne suis pas mariée, fixait ma voisine le tableau. Si vous voulez tout savoir, je n'ai pas de petit ami.
— Vous avez tout votre temps, mademoiselle. Vous avez des beaux jours devant vous pour organiser votre vie amoureuse.
— Des beaux jours ? Vraiment ?
— Remarquez à quelle vitesse la vie se dégrade ! Maintenant, tout est arrêtée à cause du Coronavirus. Tout, même l'expression intense des sentiments. Tous, confinés.
— La vie va reprendre.
— Je suis d'accord. Comment allons-nous vivre nos relations après ? se demandait-elle en se perdant en conjecture.
— Avec la peur de contaminer l'autre. Puisque le virus continue de circuler. Le Covid-19 ne va pas disparaître après les deux mois que nous avons passés en confinement.
— Profiter de vos relations avec des gens qui survivront. Vous êtes jeune. Vous êtes pleine de vie.
— Vivement le déconfinement !

— C'est exact. On a connu pire avec les grèves générales à répétition, les manifestations qui bloquaient le pays.
—Voilà ! Les choses vont s'améliorer.
— Je suis jeune. Je ne me précipite pas.
— Je viens de décrocher un job dans les assurances. Je commençais à mettre un peu de côté quand l'épidémie s'est déclarée.
— Vous aviez raison.
— Non, je n'ai pas raison.
— Vous pensez juste.
— Je veux juste être prévoyante.
Je m'emballais de cette rencontre fortuite avec Ma'tidisel. Une jeune haïtienne, installée depuis peu en région parisienne, travaillant dans le secteur de Crimée. Tous les jours, Ma'tidisel quittait Villiers-sur-Marne, loin dans sa banlieue, traversait les gares parisiennes. Ma'tidisel travaillait à Paris.
— Votre travail est sur la route de mon domicile.
— Oh oui ! Porte de Clignancourt.
— Le tramway passe par là. J'y vais souvent quand je fais un tour au marché aux puces de Saint Ouen. C'est là-bas que je m'achète quelques articles traditionnels créoles : les petits hauts madras, les pendentifs fantaisies, les déguisements pour carnaval.
— Mon Dieu ! La foire des Antilles aux expositions Porte de Versailles n'est-elle pas annulée ?
— Maintenant, ce n'est plus possible.
— Je ne suis pas sûr qu'il y ait le carnaval tropical de Paris-Nation cette saison au mois de juillet.
— Tous les festivals sont annulés à cause de la présence du Coronavirus dans la ville.
— Le Covid, c'est l'intrus qui gâche tout.
— Il faut se protéger. Ce virus est mutant, affirmait Ma'tidisel.
— La situation est grave.
— D'ailleurs, je viens de poser ma demande de chômage partiel auprès de mon employeur.
Toutes les activités étaient à l'arrêt. Et le chômage partiel imposé aux employeurs afin d'éviter les licenciements. 700 mille entreprises recouraient au système de chômage partiel. Soit, 11,3 millions de travailleurs concernés. Une première dans l'histoire sociale nationale. La crise sanitaire passerait. Et l'activité reprendrait. En décrétant l'état d'urgence sanitaire à cause de la dureté de l'épreuve que traversait le pays par la propagation du Coronavirus, le gouvernement arrêtait une série de mesures favorables à préserver les entreprises. Le code du travail subissait quelques modifications conjoncturelles eu égard à la situation d'état d'urgence sanitaire déclarée.
— Je reste à la maison. Je n'ai pas beaucoup de courses à faire parce que je vis seule.

— Ennuyeux quand même.

— Que voulez-vous ?

— Hier, je suis sortie deux fois pour aller faire mes courses au supermarché : une première fois à 11 heures. Une seconde fois, à 19 heures. À chaque fois, je gardais mes distances de sécurité par rapport aux autres clients et usagers des commerces.

— Un mètre à un mètre cinquante.

— Exact.

— Oh, la caissière ! La pauvre dame comptait sa monnaie en parlant sous son masque derrière son poste entouré de plexiglas.

— La santé à préserver.

— En temps normal, je n'aurais pas déposé mes courses sur le tapis de sa caisse si je la sentais obligée de porter un masque pour travailler.

— Peur d'être contaminée.

— Maintenant, la grippe saisonnière n'inquiète plus. Maintenant, il y a pire : le Coronavirus.

— J'ai fait deux tours au supermarché parce que j'avais oublié d'acheter la farine. J'aime bien faire les gâteaux quand je suis à la maison. J'adore aussi manger les crêpes.

Ma'tidisel avait pris soin de cocher la case correspondant au motif de sa sortie dans son formulaire de déplacements dérogatoires, fichier mis en ligne sur le site officiel du ministère de l'Intérieur à la disposition du public. Le motif de déplacement pour l'achat des denrées alimentaires de première nécessité. L'exception autorisée pour se sortir de chez soi pendant la période de confinement général.

— Et vous ? J'imagine que vous ne vous ennuyez pas trop chez vous à la maison. Parce que vous avez des enfants qui jouent toute la journée ; ça met un peu l'ambiance à la maison

— Je les sors prendre l'air aussi.

— Attention : dans ce cas précis de votre sortie, n'oubliez pas de cocher le motif du bénéfice de l'exception souhaitée au formulaire de déplacement dérogatoire lorsque vous sortez avec vos enfants.

— Hier soir, aux informations à la télévision, ils ont autorisé aux personnes regroupées à un même domicile, de sortir prendre l'air pendant une heure.

Les personnes regroupées à un même domicile développaient une sorte d'immunité collective qui les protégeaient du virus. Bien que l'hypothèse concernait plus un nombre important de gens se trouvant en un lieu. D'une manière similaire, rester à la maison en cas de fièvre, de maux de tête ou de toux en cette période de propagation du Covid-19 préservait de développer la maladie. Une petite fièvre, des légères toux ne condamnaient pas à une hospitalisation. D'autres guérisons spontanées des personnes en ville s'opéraient sans recours à l'hôpital. En restant à la maison, l'organisme produisait les défenses naturelles propres à combattre puis rejeter le virus. Le système immunitaire générait de manière tout à fait naturelle, les anticorps prédisposés à anéantir l'ennemi extérieur infiltré dans l'organisme.

— Le train arrive, me signalait Ma'tidisel : je descends à Villiers-sur-Marne.

— Le terminus.

— Oui.

Quant à moi, je descendais en chemin, à Val de Fontenay. Ma'tidisel continuait le voyage. À bord du train urbain, nous occupions un carré de quatre sièges à gauche du couloir. D'autres voyageurs en retrait s'installaient devant nous. Environ, huit à dix passagers dans la voiture. Plusieurs places libres. Mes enfants sautaient d'un siège à l'autre. Avec Ma'tidisel, la discussion se poursuivait. Une courtoisie élémentaire, favorisant l'amitié. L'haïtienne ricanait. Je me félicitais de forcer le rapprochement. Peu à peu, l'haïtienne se dévoilait, sur jouant la douceur et la gentillesse caractérisant les antillaises. J'abrégeais la conversation pour lui arracher les aveux dans le but de continuer notre connaissance ailleurs à un endroit privé, un cadre beaucoup plus convivial voire, intime.

— N'hésite pas à m'appeler.

— Entendu.

— Comme tu ne travailles pas loin de chez moi. Nous pourrions nous poser quelque part, boire un verre ou manger un morceau ensemble.

— Pourquoi pas ?

— On ose l'amour.

— Surtout par les temps qui courent.

— Je remonte à Crimée la semaine prochaine. Je ne manquerai pas de t'appeler.

Le train quittait le centre commercial Rosny2. Encore quelques minutes du voyage et j'arrivais à Val de Fontenay. Je fouillais dans ma sacoche un stylo à bille pour noter son numéro de téléphone. Je songeais raviver le contact en l'appelant au téléphone dès ce soir. Car avec les jeunes filles rencontrées fortuitement, l'oubli arrivait vite. Il suffisait de passer quelques jours sans nouvelles pour qu'elles passaient à autre chose. Je craignais entendre un jour qu'elle me répondît au téléphone :

— Je ne me souviens plus du tout. Ce que vous me racontez m'échappe. Ou bien :

— Ah oui, ça fait longtemps !

— Comment allez-vous ?

— Et vos loulous vont-ils bien ?

— Ils sont merveilleux, vos deux garçons !

Des rejets courtois, malgré la gentillesse affichée le premier jour. Et le contact se coupait. Par ailleurs, je comprenais la peur pour Ma'tidisel d'être agressée par un homme à la fois en manque d'affection et à cours de partenaire. Je me mettais à sa place. Habituée à entendre des blagues sexistes répétées à longueur des journées par les hommes peu respectueuses des femmes. Des bassesses qui alourdissaient son trajet au quotidien. La tendance était lassante. Le vice par les hommes devenait insupportable. Dans ces conditions, l'haïtienne oubliait notre rencontre. Je détestais d'être relégué brutalement aux souvenirs vagues. J'essayais d'intéresser Ma'tidisel. Je tirais les choses pour imprégner mon visage dans sa mémoire et greffer mes paroles dans son cœur. Perdu au fond de ma sacoche, mon stylo accrochait ma carte de visite. Je saisissais ma carte, la donnais à Ma'tidisel.

— Non, rejetait-elle. Je ne préfère pas toucher votre carte.

— Ah d'accord. Le microbe !

— Oui.

— Par contre, je prends une photo à l'aide de mon smartphone. Comme ça, j'ai vos coordonnées.

Je présentais ma carte de visite sur la face contenant mes informations de contact. Par un clic, une lumière de flash reflétait sur mes bouts de doigts pinçant le petit carton. Je me levais de mon siège, rassemblais mes affaires, m'apprêtais à descendre du train.

— Les enfants !

— On est arrivé ! criait gaiement Yaël.

Je fixais Ma'tidisel des yeux pour confirmer la sauvegarde de son visage au teint caramel dans ma mémoire. Elle ricanait en se penchant sur le côté. La main sur la bouche, elle tentait de contenir son rire. L'haïtienne moquait mon envie de lui faire la bise.

— Ce n'est pas que je ne veuille pas t'embrasser. Seulement, je ne peux pas.

— Ah d'accord. Le microbe !

— Oui.

Mes garçons se précipitaient vers la porte du train. Tous les deux, ils se bousculaient pour en actionner le bouton d'ouverture indiqué par un voyant lumineux vert. Je me tenais derrière eux. Ma main retenait l'autre bras de mon fils, le benjamin. Mon gamin était trop près de la porte. Il s'exposait aux bords. La tête retournée vers Ma'tidisel, j'imaginais qu'elle me dît un mot gentil de la fin. Au lieu de ça, l'haïtienne rigolait. Ses dents de bonheur m'invitaient à prendre mon mal de l'embrasser en patience. Un doute me ramenait à la réalité. Ma'tidisel raillait l'animal blessé que j'étais. Elle comprenait que je cherchais désespérément une épaule sur laquelle m'appuyer. Pour l'instant, l'amour ne courait pas les rues.

— Je suis impressionnée quand je vois un papa s'occuper de ses enfants dehors.

Compliment, compassion ou raillerie ? Difficile de distinguer. Il n'en demeurait pas moins que Ma'tidisel résistait à mes avances. Sur ce terrain, j'opérais avec prudence. J'exagérais ma posture de mari protecteur pour la rassurer. Je me trompais. Puisque j'avais en face, une adolescente naïve et instable, attirée encore par les courants d'amusements que lui lançait la vie.

Aucune insincérité ne se prêtait à mes propos. Quand bien même les femmes me reprochaient d'avoir lamentablement échoué à mon mariage. Je réagissais en prétendant avoir appris de mes erreurs. Mes échecs passés m'aidaient à m'améliorer. Par les leçons tirées à partir de mes torts, je réussirais s'il m'était accordé une seconde chance. Persuadé qu'en amour, il n'était jamais trop tard pour bien faire les choses. Je finirais bien par trouver une femme avec qui marcher dans le même sens. Par conséquent, je promettais du sérieux à toutes les femmes que je rencontrais. La double période de sortie du divorce et de crise sanitaire m'ouvraient les sentiers d'amour, les nouveaux plans. Dans le premier plan, je me reconstruisais à travers une nouvelle relation. Mon divorce digéré, je terminais mon deuil. La relation avec une femme remplaçait la perte de la mère de mes enfants. Dans le second plan, j'exploitais la prise de conscience collective sur le caractère précaire de la vie et le changement de rapport à la mort. Ce dernier aspect dû à l'apparition soudaine de l'épidémie du Coronavirus. Personne n'avait vu venir la violence du Covid-19. Le règne impitoyable du virus démontrait encore une fois la fragilité de la vie que nous menions à quelques circonstances favorables. Aussi longtemps que duraient ces circonstances, j'utilisais le constat alarmant pour attirer une femme à me suivre, moi et le sentier d'amour que j'empruntais. Je me forgeais dans mon dessein de bâtir une relation sérieuse et durable. Ayant compris les attentes de femme en la matière, les limites de la confiance et la dose maximale d'affection à donner pour garder longtemps une femme à la maison.

Le tour des scénarios fait dans ma tête, je levais ma main pour saluer Ma'tidisel. Soudain, j'étais attiré par le ralentissement du train. La grisaille envahissait mon visage. Le train s'arrêtait à la gare Val de Fontenay.

— À bientôt ! me lançait-elle en toussant dans son rire.

— Pardon.

Le signal sonore annonçait la fermeture automatiquement des portes. Par la fenêtre, je suivais le regard de Ma'tidisel. Dehors, je ne distinguais pas sa silhouette. Le train partait, éloignait Ma'tidisel de mes yeux. Le plaisir de quelques instants s'estompait. Je reprenais mon chemin avec mes enfants jusqu'au domicile de Jovéna. Mes nouveaux sentiers d'amour s'obscurcissaient.

Le soir, à l'heure du journal de 20 heures, je me positionnais devant la télévision. L'actualité du jour passait. Les derniers développements au sujet de l'épidémie du Coronavirus scrutés par les médias. Je m'intéressais aux éventuelles annonces faites par les autorités. Car tous les 48 heures, il se passait quelque chose à Paris ou ailleurs. Tout le monde s'informait de la situation afin de se préparer au réveil le lendemain. Averti que l'épidémie ne s'arrêtait pas demain matin. Encore moins, la levée du confinement n'intervenait de si tôt. Jovéna attrapait une poêle qu'elle tapait dessus avec une cuillère en louche en bois pin. Elle faisait du boucan et se dirigeait vers le balcon. Yaël l'imitait avec un verre et une fourchette. Le vacarme ! Mon plus petit attrapait une boîte en plastique sur laquelle il tapait un jouet en forme de bâton. Tous le trois, ils s'approchaient de la fenêtre et criaient sous leur tintamarre :

— Merci, merci, applaudissait la famille à l'unisson, le personnel soignant.

— Bravo !

— Tous ensemble, tous ensemble.

D'autres voisins entraient en scène. Je les apercevais sur leurs balcons. Les gens agitaient les mains depuis leurs fenêtres. Ils criaient, chantaient, dansaient. Plus nombreux, ils adhéraient au principe de soutien général au personnel soignant.

Les parisiens encourageaient toute la chaîne médicale en première ligne au front contre le Covid-19.

Le réveil était calme. J'avalais ma tasse de café dans la cuisine retapée à neuf. Mes habitudes d'avant quand j'habitais encore mon ancien domicile fontenaisien. À présent, j'étais étranger à ce qui était naguère ma maison. Combien la vie changeait ! Les choses, basculaient vite d'un stade social à l'autre. Les choses nouvelles arrivaient. L'évolution condamnait ma vie de couple rouillée. Le changement de situation annihilait le confort de ma vie familiale. Mon départ du domicile fontenaisien ouvrait un nouveau chapitre dans la vie de Jovéna. Mon ex-épouse faisait réaliser des travaux dans sa cuisine : peinture fraîche, nouveau réfrigérateur combiné d'un compartiment séparé du freezer ; meuble sous-évier monté par un ébéniste à la demande. Tout ce qu'aimait une femme dans son espace le plus visité au monde, sa maison. La cuisinière électrique remplaçait la gazinière que je lui avais offerte du temps de notre vie commune. Tout pour un nouveau départ. Tout pour bien marquer la différence. Jovéna effaçait les souvenirs qui lui rappelaient ma présence dans la maison.

— As-tu vu le changement dans ma cuisine ?

Jovéna avait envie de renaître. Elle décidait de vivre. Comme moi, Jovéna se reconstruisait. Pleurer la séparation n'avançait nulle part. Mon ex-femme se rendait à l'évidence : elle devait aller de l'avant. Pour cela, Jovéna aspergeait un nouveau parfum à l'intérieur de sa maison. Quoique les effets de la séparation nous imposaient quelques rapprochements du fait de la garde alternée des enfants. Nous nous retrouvions un weekend sur deux à son domicile. Par ses travaux réalisés dans son appartement de la rue Louis Auroux, mon ex-femme chassait mon esprit dans sa vie. Désormais libre, elle respirait l'odeur de la peinture fraîche beige qui purifiait sa cuisine. La fraîcheur anéantissait mon ombre devant le piano de cuisson, le coin bar. Le nouveau design effaçait nos souvenirs dans cet espace de vie. Enfin, le sceau de la rupture fournissait la preuve que toutes mes affaires personnelles avaient débarrassé le plancher.

— Il n'y a plus rien qui ne t'appartienne dans la maison.

— Normal.

— Maintenant, je vis ma vie.

Le grand nettoyage fait, Jovéna regardait l'avenir. Elle tournait la page d'un mariage raté. Ressasser les échecs ne servait à rien. Derrière son mariage cassé, s'entassaient des bonheurs et des chagrins. Des moments intenses vécus. Des rêves partagés. Des actes manqués. Des promesses d'amours à moitié satisfaites, satisfaites ou non tenues. La faute à l'amour. Toujours dialoguer et promettre. Surtout, amadouer. Parler pour rassurer. L'amour, refuge des cœurs brisés, banc exposé à l'accueil d'acteurs incomplets. L'amour, bassin des remords ; mais aussi source d'espoir pour rebondir. Jovéna l'expliquait par des hauts et des bas qui traversaient notre idylle. Honte d'assumer clairement nos erreurs, Jovéna et moi choisissions les bons souvenirs pour atténuer la souffrance que chacun ressentait. Tantôt, nous souhaitions la refaire, rectifier le tir, corriger nos erreurs commises.

Nous observions nos enfants, fruits de notre mariage. Nous admirions les voir grandir chaque jour avec leurs bêtises d'enfants, leur éveil rapide aussi. Par l'exercice de l'autorité parentale envers nos gamins, nous nous retrouvions. La rédemption pour une nouvelle vie de couple et de famille. Illusion. On ne refaisait pas les choses si facilement. Tantôt encore, nous nous projetions vers les choses nouvelles qu'offrait la vie. Nous pensions à nous, à notre avenir. D'ores et déjà, la page se tournait. Chacun fixait son attention vers l'avenir. Chacun évitait de tomber dans les travers des erreurs de jugement, des choix de vie désolants. L'heure des regrets s'interrompait lorsque mon téléphone sonnait.

— Elrid ?

— Oui.

— Veuillez trouver dans votre boîte mail, le programme d'études pour votre enfant Yaël. Faites lui faire les épreuves demandées.

— Renvoyez-moi, si possible, quelques résultats de sorte que j'évalue les compétences de votre enfant. Parce que je travaille en ce moment à distance selon les recommandations de l'académie.

— D'accord.

— Il en sera ainsi chaque semaine durant cette période de fermeture des écoles liée au confinement.

— D'accord.

— Sachant qu'à ce niveau de première année d'études élémentaires, les élèves savent lire et compter. Il faut continuer à leur apprendre même à la maison, suivant le plan de travail que nous proposons aux parents.

— D'accord.

— À propos, Yaël se porte-t-il bien ?

— Oui, il se porte à merveille.

— Très bien.

— Merci à vous.

— Prenez soin de votre enfant. Faites attention à vous ! terminait la maîtresse de classe de Yaël, la conversation.

Durant le confinement et la fermeture des écoles qui en découlaient, les enseignants organisaient la poursuite des études hors établissement scolaire. Ils innovaient avec ce procédé d'enseignement à distance. Ainsi, les élèves n'étaient pas coupés de l'école. Les échanges d'épreuves et les tests des compétences appliqués aux plus petits permettaient aux enfants d'être en contact avec leurs camarades. Rapidement, j'allumais mon ordinateur. Je consultais mes messages électroniques, téléchargeais les grilles d'épreuves envoyées par la maîtresse de classe de mon fils. Jovéna me rejoignait dans la cuisine. Elle respirait fort et me questionnait. M'entendre répondre à une femme au téléphone dans sa maison l'agaçait. Remontée comme une pendule, Jovéna m'attaquait :

— Avec qui parlais-tu au téléphone ?

— Ta femme que tu as laissée à Paris te manque-t-elle déjà ?

— Décidément, elle ne te lâche pas.

— La parisienne te suit partout. Ne sait-elle pas que tu as deux enfants avec moi ?

Je lui échappais à ce point ! Jovéna me piquait une crise de jalousie. À croire qu'elle avait embelli sa cuisine pour me flatter. Je venais à Fontenay voir mes enfants. Notre séparation ne nous réduisait pas à vivre en mammifères. Mes enfants avaient besoin de leur papa. Ils devaient garder le lien avec lui, continuer à le voir, lui parler. Sa présence dans leur vie demeurait nécessaire.

Retourner avec Jovéna ne me traversait pas l'esprit. En cherchant à contrôler mes contacts comme elle le faisait du temps de notre mariage, Jovéna se trompait. Les échecs commis par les acteurs manqués ne se rattrapaient pas par le fait des mêmes acteurs. Certes, je n'avais pas de partenaire fixe à ce stade de ma reconstruction. Je ne papillonnais pas partout à attérir dans les bras doux des femmes désespérées. J'explorais les nouveaux sentiers de l'amour qui se présentaient à moi. Loin de moi, l'intention de refaire ma vie avec la mère de mes enfants. À propos de l'amour justement, chacun le regardait ailleurs qu'entre nous. Pour ma part, les choses se confirmaient dès que je concluais avec une femme. Tel réussissait mon exorcisme. Dans la jungle des sentiments et le règne des passions torrides, seule une femme chassait le fantôme de femme.

— Yaël a des études à faire.

— Mais voyons ! Pour qui me prends-tu ? Je ne suis pas débile.

— Décidément, tu ne changes pas. Même après la séparation, tu continues à me mentir.

Jovéna rouvrait les pages de mes erreurs. Mon ex-femme me les récitait. Parfois, des allégations qu'elle avait récemment versées au dossier du divorce. Des refrains qui ma valaient la convergence des colères des dames contre moi au tribunal. À savoir, ma belle-mère, l'avocate et ma propre épouse.

— Je te rappelle que l'école est fermée à cause du confinement. Le virus circule encore dans la ville.

— Enfin, les mots m'échappent, tellement que tu me prends pour une conne.

— Je me répète : l'école est arrêtée à cause de l'épidémie qui sévit dans la ville.

— Oui. Simplement, la conversation que je viens d'avoir avec la maîtresse de classe à Yaël.

— Maîtresse, dis-tu ? Quelle maîtresse ?

— Chaque semaine, la maîtresse de classe à Yaël envoie pour lui par mail, des études à faire. Les adultes doivent l'accompagner. Donc, nous, parents.

— Qu'est-ce qu'ils ont bien réfléchi là bas à l'école ? ironisait-elle mes explications.

Mon fils gardait le lien avec l'école. Je lui répétais ses exercices. Des productions d'écrits aux mathématiques. Les chants à partir des vidéos choisies par l'école sur internet et le dessin. Yaël suivait. Il était content d'apprendre auprès de son papa devenu pour le coup son maître de classe. Une situation improvisée qui somme toute occupait. La psychose du confinement diminuait. Mon fils s'adaptait. Il se rendait bien compte que l'école ne se faisait pas à la maison.

Simplement, nous faisions revivre l'école à la maison pour poursuivre avec l'exigence de transmissions de savoir aux plus petits.

— Et moi aussi ? pleurait mon plus petit : je veux faire l'étude comme Yaël.

Intuitivement, je relisais mes courriels. Je découvrais une pièce jointe en dessous d'une ligne m'expliquant le plan de travail adopté par l'école maternelle. À coup sûr, les deux maîtresses s'étaient passées le mot. Je téléchargeais les fichiers envoyés pour la poursuite de l'étude à la maison au bénéfice de mon autre fils, le benjamin. Afin de bien appliquer ce programme exceptionnel d'enseignement, je concevais un emploi du temps que je collais sur la porte du réfrigérateur dans la cuisine. Les heures de pause, séparées des heures d'étude. À mon départ de Fontenay, la maman continuait l'étude avec son garçon.

Le soir venu, Jovéna ne laissait pas passer cette chance de voir un homme dans sa maison. Le rapprochement par le fait des enfants facilitait les choses. La nuit, la femme divorcée jouait les allumeuses devant son ex-mari. Sortant la dernière ruse des femmes, elle savait lui parler ces moments de repos en couple. Shorty blanc aux motifs roses petits cœurs comme à nos années blanches, transparaissant ses formes moulées à charmer sa proie. Déjà en slip français, j'étais vulnérable. Mon ex-épouse quittait sa chambre et feignait de forcer une place dans le canapé où je dormais. Par rapport à la contrainte liée à notre situation de séparation, je ne dormais pas dans sa chambre.

— Quand je suis seule, l'appartement est grand. Je sens un vide autour de moi. Je ne sais pas trop quoi faire, m'invitait-elle habilement.

Ces instants-là, près de moi, Jovéna évacuait le stress dû au confinement. La sensation d'être protégée par l'ombre d'un homme à la maison rejaillissait dans son esprit.

— Franchement, merci d'être là.

Tous les deux, nous opérions un fantastique retour à nos années blanches. La passion torride de l'instant nous saisissait. Le flair de rester l'un près de l'autre jusqu'à la fin de l'épisode épidémique. La nuit s'adoucissait.

Au réveil, une atmosphère de gaîté régnait dans la maison. Cela paraissait drôle aux enfants de retrouver quelques indications de classe. Yaël résolvait vite les exercices d'additions. Mais il butait au calcul mental. Surtout, les nombres impairs à compter en ordre décroissant de quinze à un. L'écriture sur un cahier faisait marrer. Reproduire une phrase de son choix le premier jour avec le mot soleil. Le deuxième jour, une phrase avec les mots jardin et clé. Les jours suivants, mon garçon décrivait en une phrase, ce qui lui avait plu ces premières semaines d'absence forcée à l'école. D'autres mots à partir desquels Yaël produisait des écrits. Plus détendue, la pause en chantant. On variait la pause avec les essais en anglais. Les écouteurs accrochés aux oreilles, Yaël bougeait au rythme du morceau sélectionné à partir du serveur du réseau social des vidéos et la musique sur internet. Le lien indiqué dans le mail du programme d'étude. À son tour, mon autre fils, le benjamin, répétait la chanson de l'homme au nez rouge. Il enchaînait par la chanson avec illustration didactique des couleurs d'Eilmer. Mes gamins trouvaient drôle de faire l'école à la maison.

Quelques fois, nous pratiquions les activités sportives à la maison. Les exercices physiques pour évacuer la tension nerveuse due au confinement. Tantôt, dans notre cuisine spacieuse. Yaël tombait à plat ventre en m'imitant à faire les pompes. Mon autre fils, le benjamin, rigolait en disant :

— Moi aussi, je fais les " bombes ".

Mon plus petit se couchait carrément par terre. Je l'allégeais en changeant d'exercice. Je choisissais un mouvement de corps adapté à sa position tombée à plat ventre : le renforcement musculaire. Dans un premier temps, je m'étirais les bras. La poitrine levée, je m'appuyais sur le ventre collé au sol pour supporter le poids du corps comme un serpent. Les jambes tendues, étirées en arrière. Dans un deuxième temps, je me penchais sur le coté en m'accrochant à un seul bras posé au sol. L'autre bras tendu, levé vers le ciel. Je sentais des craquements à l'intérieur de mes épaules. La décontraction des os au niveau de mes omoplates. Quant à mes abdos, ils se durcissaient.

Tantôt, nous nous exposions au balcon. Je m'écartais la poitrine à l'aide d'un manche à balai dont je dévissais l'accessoire principal. Je m'accroupissais, m'exerçais à la marche canard ou à la danse russe. En me redressant, je me dégageais le thorax en lâchant mes bras étendus, droits pour imiter un mouvement d'hélice. Les premiers craquements à l'intérieur du thorax évaluaient l'efficacité de l'exercice. Puis, je me relaxais. Mes enfants abandonnaient la séance. Ainsi, nous évacuions la tension du confinement.

Samedi midi, je quittais Fontenay-sous-Bois. Au programme de ma journée, Wils Grâce. J'accompagnais Wils Grâce effectuer ses achats de première nécessité à Château Rouge. Les courses nécessaires à faire ses provisions, remplir les étagères de sa cuisine pour tenir quelques temps durant la période du confinement que la circulation du Covid-19 imposait. Le commerce bon marché du quartier populaire parisien était un plan propice à exploiter en ces temps qui couraient.

— Il me faut acheter beaucoup de viande et un carton de morue. Des vivres à longue conservation, me commandait-elle au téléphone.

— Le père de ma fille me parle souvent des boucheries de Château Rouge. Je lui ai dit que ces commerces se trouvaient près de ton quartier. Donc, il sait que je viens chez toi.

— Un carton de Tilapia, des pilons de poulet, des tripes, un filet d'oignon, du piment, des épinards, m'énumérait-elle ses achats.

Réveillée de meilleure humeur, Wils Grâce était contente de trainée dehors. Elle brisait l'enfermement et respirait l'air lourd du climat de désolation qui prévalait dans les artères de son quartier à Montparnasse, entre la rue Procession et l'Institut Pasteur du côté du XVème. Nous fixions le point de rencontre à l'abri bus 56 installé à l'angle droit près de la bouche du métro et la station de tramway Porte de Clignancourt dans mon quartier au XVIIIème. Je me libérais de la mère de mes enfants. Mes garçons habitués à la vie éparpillée de papa. Un coup, à

Fontenay-sous-Bois, un coup à Paris. Mes petits anges adoraient se promener. Dociles, ils suivaient leur papa. Adorables, l'esprit ouvert, ils augmentaient leur curiosité. Cette fois, je laissais mes enfants se reposer chez leur maman. Je courais après l'autre amour. Rejoindre Wils Grâce qui s'impatientait. Pas très galant de faire attendre longtemps ma princesse dehors dans le froid et la contrarier.

En application des mesures générales prescrites par les autorités administratives et policières pour faire face à l'épidémie du Coronavirus, le trafic des trains urbains était fortement réduit. Je mettais environ trois quarts d'heure pour arriver à Clignancourt. Excitée par la rencontre, Wils Grâce paniquait. Elle m'appelait au téléphone toutes les cinq minutes.

— Il y des barrières de police à l'entrée de la gare Montparnasse. Je présente mon attestation de sortie et ma carte d'identité, m'indiquait-elle sa position, essoufflée de marcher le demi kilomètre entre son domicile et la gare.

— Rattrape plutôt la ligne quatre par la rue de Rennes. À cet endroit de la bouche du métro, il y a moins de contrôles. Les agents surveillent le grand carrefour.

— ça y est. J'entre en gare. J'avance à quai.

Mon train urbain moins rempli de passagers, je voyageais sous un silence pesant. La crainte de tomber sur un contrôle inopiné soit, par les agents de sûreté ferroviaire ; soit par les policiers. Même s'il n'y en avait pas souvent dans cette partie de la ligne Est parisienne. Les forces de l'ordre se concentraient sur les quartiers chics de la capitale et les zones habituellement fréquentées par les touristes. La recherche d'images du respect des mesures du confinement à diffuser dans les médias, à mettre au crédit de leur travail durant la période de crise sanitaire. Les unes après les autres, les gares exposaient le même spectacle d'abandon :

— Ouh là ! ça devient grave cette situation de Coronavirus.

En ce début d'après-midi, la place de la Porte de Clignancourt était déserte. Les rares silhouettes de personnes traversaient l'esplanade. Une grisaille couvrait la bouche du métro. L'effet visuel qui se dégageait du spectacle inhabituel sur une place d'ordinaire mouvementée, bondée de personnes. Je descendais du tramway. Ma tête levée vers l'abri bus 56, je ne voyais pas Wils Grâce.

— Où est-elle passée ?

Je craignais arriver en retard sur notre rendez-vous. De toutes les façons, rien ne nous obligeait à nous dépêcher. Nous sortions faire des courses. Nous profitions un peu de ce moment de permission. Au moins une fois, je n'étais pas avec mes enfants. J'étais libre comme l'air. De même, Wils Grâce avait confié sa fille au papa. Nous nous retrouvions tous les deux à marcher main dans la main dans les rues de Paris. L'un près de l'autre, au boulevard Ornano. Plus tard, dans les rues piétonnes de Château Rouge. Nos regards se croisaient. Nos tripes se soulevaient. Nos langues se gardaient d'avouer nos faiblesses pour le coup évidentes. Guidés par la flamme des sentiments. Plus qu'une concession, la joie de Wils Grâce lorsqu'elle me disait en sortant d'une première boucherie.

— Ils n'ont plus de gigau d'agneau.

— C'est la crise, madame. Prenez ce que vous trouvez aujourd'hui. Parce que demain, il n'y aura peut-être plus de viande. Parce que les fournisseurs n'importent plus. Parce que les camions frigorifiques ne circulent pas beaucoup en ce moment.

Wils Grâce me souriait devant la porte. J'avançais plus près d'elle pour la décharger du carton de Tilapia qui lui débordait des mains lorsqu'un monsieur me stoppait :

— Pas à deux en même temps dans la boutique à porter un carton de poissons. Par mesures de sécurité, distanciez-vous, s'il vous plaît !

— Sinon, la brigade de contrôle de la mairie nous ferme immédiatement notre boutique.

— Après, c'est désolant pour tout le monde, renchérissait la dame qui encaissait, loin derrière son micro comptoir.

Le monsieur m'observait, prêt à ajouter quelques mots à peine audibles à cause du masque canard qu'il portait. La mine des mauvais jours, la tête des mauvaises recettes :

— Êtes-vous ensemble ?

— Oui, s'interposait Wils Grâce.

— Y en un qui attend dehors.

— D'accord.

De sa douce main, Wils Grâce me poussait pour me prier de l'attendre en retrait à l'extérieur devant l'entrée de l'épicerie exotique.

— Tu restes dehors, m'ordonnait-elle.

J'exécutais. Deux heures à sillonner le marché. Jusque dans les rues adjacentes, à la joie de la femme bien accompagnée qui faisait ses courses. Les deux tiers des commerces parisiens à cet endroit du XIXème étaient fermés. Le passage à la dernière épicerie était bref. Et pour cause ? Les étagères vides dans la boutique. Un grand espace non approvisionné de produits dans les rayons au point qu'en quelques minutes, Wils Grâce revenait du fond de la boutique.

— Je n'ai même pas trouvé mes épices. Il n'y a rien pour mes sauces. Comment je fais pour assaisonner mon poisson ? Mes plats vont être sans saveur !

— S'il te plaît, chérie : contentes-toi de l'essentiel que tu trouves aujourd'hui. L'heure n'est pas aux choix pour réaliser des bonnes recettes. Tu vas cuisiner en fonction des ingrédients que tu possèdes.

— Il faut que ça s'arrête, cette situation ; ça me perturbe.

— Nous en sommes tous perturbés, madame, s'immisçait le gérant.

— Des rasoirs ! Il me faut des rasoirs, me tapotait-elle le haut de la poitrine vers la clavicule.

— Tu vois, j'oublie beaucoup de choses, se plaignait-elle.

Caprice de femmes. Je la conduisais au supermarché sis à la grande rue ; une enseigne de grande distribution. Au rayon des produits hygiène et soin du corps, Wils Grâce ne prenait pas seulement les rasoirs ; elle remplissait son panier de bien d'autres articles. Le propre des femmes quand elles faisaient les courses. Les femmes rentraient dans un magasin pour acheter deux ou trois bricoles. Mais à l'arrivée, elles en sortaient avec un sac cabas remplis de courses. Wils Grâce soupirait à la sortie du supermarché.

— On marche jusqu'à chez toi.

— Plus rapide est de prendre le métro.

— Voyons ! On est à peine à deux stations avant d'arriver chez toi.

— Nous avons un caddy courses rempli à ras à tirer, un sac cabas lourd à porter. Si tu vas à pieds, tu vas vite te rendre compte que le trajet est long. Sûrement, à cause du poids des courses.

La colonne des fonctionnaires de police dépêchés du commissariat de la Goûte d'Or à l'entrée du marché de Château Rouge nous dissuadait de prendre le métro à cet endroit. Nous marchions dix minutes plus loin jusqu'à Marcadet. De ma main droite, je tirais le caddy ; de ma main gauche, je croisais mes doigts dans la main de Wils Grâce. Je ne sentais plus le poids du caddy courses. Des frissons me traversaient le corps. La joie d'être près d'elle allégeait ma charge.

— Ouh là ! Je n'ai plus froid, disait-elle joyeuse.

Tous les deux, nous marchions main dans la main sur le trottoir jusqu'à la bouche du métro Marcadet. Le long du parcours, les rideaux métalliques des commerces étaient baissés. Sauf quelques officines de pharmacie et les agences bancaires. Radieuse, Wils Grâce regardait moins devant elle. Ses yeux innocents me parlaient du plaisir de nous retrouver. Légers par le ressenti du croisement de nos humeurs ces instants-là, nous ne subissions pas le poids du climat lourd général dans les rues de Paris. Arrivé au métro, je m'appliquais à descendre les 35 kilos de courses contenus dans le caddy. Je me penchais pour mieux supporter le poids sans me casser le dos.

— Fais attention ! me commandait-elle : tu es quand même chargé.

Je déployais d'effort tout en faisant attention à ne pas endommager les roulettes de mon caddy-courses. Désormais très proches, Wils Grâce et moi, nous nous élevions à la hauteur des flammes de notre idylle. Nous cultivions nos sentiments à l'affermissement d'une relation solide. Arrivée à la maison, je l'installais sur le canapé, m'occupais de mon invitée. Je la nourrissais, la faisais boire l'apéritif. Un punch spécial importé des Îles. Ma recette magique avec laquelle j'allumais la flamme. Une solution imparable puisque Wils Grâce succombait. Ses paupières tombaient, ses bras lâchaient, ses jambes se dégourdissaient. La fatigue, à coup sûr. Elle avalait une fûte de punch supplémentaire. Je m'asseyais près d'elle sur le canapé. Lentement, Wils Grâce s'assoupissait. Le souvenir des moments ordinaires sortaient de l'angoisse du confinement. Par l'amour, nous tenions bon. Par les marques répétées d'affection, nous faisions bloc face à l'angoisse de l'épidémie qui nous empoisonnait la vie.

Autre moment intense cette journée-la. Mon pouls augmentait. Devais-je dévoiler mes sentiments pour elle ? Je luttais. Et Wils Grâce, comment entendait-elle passer ce moment avec moi ? Radieuse, elle m'envoyais un message instantané qui déverrouillait mon écran de téléphone. Je la rejoignais dans la cabine photo-automatique au sous-sol dans le métro.

— Tu es là ?

— Oui.

Elle sautait de joie, se blottissait sur moi. Une étreinte brève puis, nous nous relâchions. Son regard perçant m'inspirait tout son bon plan de la journée. Une deuxième étreinte pour baisser la traque.

— Surtout, il ne faut pas qu'on s'embrasse.

— Oui. Respectons les gestes barrières.

Une troisième étreinte suivie d'un baiser. Nous brisions les barrières. Nous nous embrassions. Le feu des sensations nous envahissait. Nous vivions l'instant présent. La flamme débordait, nous figeait devant la cabine photo-automatique. Sentir son corps en chaleur m'hypnotisait. Wils Grâce domptait. Ce n'était pas une simple question de physique. Wils Grâce avait du style et l'esprit. Elle rayonnait, inspirait la grâce. Spontanément, elle prenait ma main, croisait ses doigts dans les miens et me tirait vers elle. Ses douceurs respirées m'entrainaient sur elle. Je résistais à la pression, contrôlant que la force exercée ne m'entrainasse pas. Par l'autre main restée libre, j'attrapais son épaule et l'embrassais.

— As-tu un caddy-courses chez toi ?

— Oui.

— N'oublie pas, on fait les courses aujourd'hui.

— Oui.

Nous remontions à l'extérieur du métro, traversions le boulevard Ney. Wils Grâce découvrait mon quartier de la Porte de Clignancourt et, par le fait, mon appartement. Elle visitait rapidement l'intérieur puis s'arrêtait dans la cuisine.

— Où ranges-tu ton caddy-courses ?

— Derrière la porte.

Je m'approchais plus près de Wils Grâce. Elle souriait. Je la suivais du regard en me gardant de tout geste insensé. Wils Grâce dominait. Tout à coup, elle me serrait dans ses bras, m'embrassait. Une passion d'un instant qui me faisait beaucoup de bien. Une sensation de revivre en complément des pages du récit merveilleux de ma vie. Un désir de femme parfaitement justifié. Wils Grâce me fumait.

Une semaine s'écoulait, je partais à Montparnasse. Une nouvelle passade avec Wils Grâce à son domicile du quartier Procession. Rester l'un près de l'autre nous aidait à résister. Sur mon attestation de déplacement dérogatoire, j'indiquais le motif familial impérieux lié à la garde d'enfants. En bas du formulaire, je mentionnais la date et l'heure de sortie. Les nouvelles indications à mentionner obligatoirement dans l'attestation de déplacement dérogatoire. Des nouveaux points apportés par l'article trois du décret du 23 mars 2020 prescrivant les mesures générales nécessaires pour faire face à l'épidémie du Covid-19 dans le cadre de l'état d'urgence sanitaire. La situation générale dans le pays venait de changer. Du confinement de l'ensemble des populations des villes et des compagnes, les choses basculaient en état d'urgence sanitaire. Les hôpitaux en Île de France tiraient la sonnette d'alarme contre la saturation des services de réanimation. De plus en plus de patients affluaient dans les unités de soins intensifs. Les masques de protection, les respirateurs, les blouses, le gel désinfectant diminuaient à cause de la surconsommation. Le gouvernement, amené à durcir les mesures de distanciations sociales. Initialement prévu pour être levé le 31 mars, le confinement était prolongé au 15 avril inclus. Puis, la mesure prorogée au 11 mai. Inéluctablement, nous passions pâques sans chocolats. Je ne pouvais pas participer à la messe de minuit à la basilique Sacré-Cœur, notre grande église de Montmartre. Et pour cause ? Les célébrations religieuses se déroulaient sans rassemblements de personnes. Ainsi décidaient les autorités en application des mesures de distanciation sociale. Bien plus, la fête d'anniversaire de mon autre fils, le benjamin arrivait au 18 avril. Je pensais à sa maman pour son gâteau fait maison. Mon fils fêterait son anniversaire sans œufs de pâques, évidemment. Tandis qu'habituellement en cette période, les enfants chassaient les œufs chocolatés dans toute la maison, motivés par la fanfare de sifflets au son d'Alex ou des sifflets langue de belle-mère[4].

Certaines villes, certaines régions décrétaient carrément le couvre-feu. La première région à prendre cette mesure radicale de restrictions des libertés, les Alpes Maritimes. Surtout, la ville de Nice. Puis, les villes de Colombes, Puteaux, en région parisienne. De 22 heures à cinq heures du matin, plus personne ne trainait dehors. Une décision administrative de sécurité sanitaire pour impacter directement sur le comportement des populations et leur expliquer la dangerosité du virus.

Le Covid-19 se propageait de façon rapide. Très agressif lorsqu'il atteignait certaines personnes. Principalement, les personnes vulnérables et les personnes souffrant de multiples pathologies. Les maisons de retraite, les centres socio-médicaux comptaient les morts tous les jours. D'autres cas de personnes décédées à leur domicile par le traumatisme du confinement. Parce que les gens craquaient. D'autres désespéraient. Le désarroi de la guerre surtout, lorsqu'ils ne voyaient pas l'horizon dessinant la fin de la situation. Vivre dans l'angoisse permanente était quelque chose d'effroyable à supporter au quotidien. Les chiffres grimpaient, semant l'effroi dans les familles éprouvées dont certains membres interdits de visites pour éviter la contagion et protéger les intervenants dans ces établissements d'accueil, de soins et d'hébergement des personnes âgées et fragiles. La même désolation se remarquait chez les personnes faisant l'objet d'une assistance à domicile. D'où, l'importance de prendre les nouvelles des amis, des proches. Et de donner des nouvelles aussi.

Wils Grâce remettait ça. Elle avait apprécié ces moments passés avec moi. Je me hâtais de la revoir. La circulation du virus dans l'air n'empêchait pas l'expression de notre affection. Mes sentiments pour Wils Grâce s'enflammaient.

[4] Du même auteur : *Perle de foyer,* Les éditions de l'Onde 2019, chapitre 3.

Le confinement aggravait la psychose. Nous trouvions quelque chose pour résister l'un près de l'autre.

— Viens-tu ? me pressait-elle au téléphone.

Je m'engouffrais dans la bouche du métro au départ de la station Porte de Clignancourt. Les fonctionnaires de police se positionnaient à l'entrée des grandes stations de métro et des gares parisiennes. Ils veillaient au respect des mesures du confinement général des populations. En même temps, ils faisaient preuve de lucidité lors des contrôles qu'ils effectuaient sur les gens.

Mercredi 1er avril, à 12h 45. Je quittais mon domicile. Le guichet du métro était fermé. Les automates installés pour la recharge des cartes magnétiques d'abonnement et la vente des tickets clignotaient rouge.

— Hors service, me signalait Yaël.

— Il ne manquait plus que ça !

Impossible d'imaginer si les irréductibles employés de la régie parisienne des transports s'étaient passés le mot pour poser un poisson. Sans ticket, je n'accédais pas au quai avec mes deux garçons. Une option se présentait : prendre le bus 56, voyager jusqu'à un endroit. Ensuite, je rattrapais mon métro plus loin pour continuer à la gare Montparnasse. Le bus parcourait le boulevard Ornano au dessus du tunnel de la ligne quatre du métro. Le trajet se rallongeait. Au moins, j'avançais. D'autant que j'étais avec mes mômes.

— Le bus ! On prend le bus 56.

— Papa !

— Oui.

— ça fait longtemps qu'on n'a pas pris le bus à Porte de Clignancourt.

— Oui. On prend le bus pour avancer. Après, on change. On prend le métro jusqu'à Montparnasse.

Mes enfants exécutaient. Je patientais de longues minutes dans le bus. Le départ retardé d'un quart d'heure. Le décompte s'accélérait dans un petit écran accroché au plafond du bus.

— Départ dans six minutes, lisait Yaël.

Le point d'information fait par mon fils ramenait le cœur des voyageurs toujours moins nombreux à ces moments de la journée. D'autres accouraient s'installer sur les places assises. Suivant les consignes de sécurité sanitaire, ils occupaient des places en alternant un siège vide. Quelques rares personnes préféraient voyager debout près de la porte arrière réservée à la descente pour éviter d'occuper tous les sièges disponibles dans le bus. Civiques en cette période ou jouant parfaitement le jeu du respect des gestes barrières, les passagers s'asseyaient à bonne distance les uns des autres. Tout le monde fixait la cabine du conducteur. Vide. Était-ce un poisson d'avril ou fallait-il attendre un conducteur qui assurait le service ce jour-là ?

Un homme fumait sa cigarette à l'extérieur du bus. Entre sa coupure et sa pause, le conducteur en grillait une. Il inspirait l'air lourd du climat pesant qui régnait dans sa ligne de bus. Protégé par sa tenue de travail aux couleurs verte et grise de la régie parisienne des transports. Son écharpe à raillures noires blanches et grises foncées autour du cou, surélevée pour couvrir la bouche. Sans masque de protection fourni par son employeur ces premières semaines de confinement et d'expansion de l'épidémie, le citoyen utilisait les moyens dont il disposait malgré son courage et son abnégation à faire tourner la nation en cette période de crise sanitaire. Sa cigarette consumée, le conducteur jetait son mégot par terre. Il l'écrasait du talon de sa semelle de chaussure de sécurité. Puis, il reprenait son poste de travail sur son siège. En quelques secondes, le vrombissement du moteur faisait sursauter quelques passagers perdus dans leurs pensées. Le bus démarrait. Aucun signe particulier ne se relevait sur les visages des voyageurs. Un silence pesant des usagers dès que le bus tournait au feu rouge et s'engageait sur le boulevard Ornano. L'avenue déserte, le bus accélérait. La vitesse ne procurait plus de plaisir. Le stress dominait les visages. Chacun pensait certainement à son arrêt. Par contre, dans l'écran du bus, le voyant rouge indiquant l'arrêt demandé ne s'allumait pas. Le bus continuait. Il dépassait le premier arrêt, Simplon. Un ruban rouge et blanc indiquait la fermeture provisoire de la station de métro à proximité de l'arrêt du bus. Au prochain arrêt, à Marcadet-Poissonniers, je me préparais à descendre lorsque j'apercevais par la fenêtre, une fraction de gens en uniformes bleues foncées. Les agents de sûreté ferroviaire, mélangés aux policiers. Ils s'entretenaient, promenaient leurs regards de contrôles autour d'eux. Je me rasseyais vite dans le bus, poussant légèrement mon gamin à regagner sa place.

— Papa ! criait mon fils.

— Excuse-papa. On descend plus loin.

— Papa s'est trompé, ironisait mon autre fils, le benjamin.

— Tout le monde se trompe, relativisait Yaël.

J'évitais d'entrer dans le rayon d'un contrôle de police en cette période de tension collective. Mes enfants, déjà exposés, n'avaient pas à supporter pendant de longues minutes, les interrogatoires que je subissais devant les agents de sécurité. Le bus dépassait Château Rouge. Après, le carrefour Barbès. Je continuais mon trajet jusqu'à Magenta gare du Nord. À cet endroit, je descendais à l'arrêt en face d'un hôtel que je connaissais. Sur le trottoir d'en face, deux cars de gendarmerie barraient la rue principale pour accéder à la gare du Nord. Les passages étaient filtrés. Je prolongeais mon chemin à pieds vers le marché de Saint Quentin toujours en longeant le boulevard Magenta. Toutes les boutiques étaient fermées. Le spectacle prêtait à une scène insolite. Paris se vidait de ses habitants. La présence des forces de l'ordre devant les principales artères qui menaient à la gare du Nord et à la gare de l'Est assombrissait l'atmosphère dans cette partie de la capitale au centre de Paris. Derrière moi, un passant tenait sa baguette dans la main. L'homme sortait d'une boulangerie. Je ralentissais pour traverser au passage-piétons. Je m'assurais au préalable de la possibilité d'accéder à la bouche du métro gare du Nord par l'emplacement de stationnement dépose-minute avant d'arriver à la rue la Fayette. Contourner me débouchait devant la place Napoléon

III au milieu d'une colonne de véhicules blancs marqués de l'enseigne de la police nationale. La bouche du métro se trouvait à proximité. Un couple de gendarmes m'observait. Je restais digne, portant mon autre fils, le benjamin, dans mes bras. Yaël roulait sur sa trottinette à côté de moi. En relevant ma tête après avoir parlé à mon gamin de poser les pieds à terre, mes yeux croisaient la gendarme en fraction devant la bouche du métro. Comme devant une fauve, je baissais la garde, assouplissait ma défiance. J'attrapais la trottinette de mon fils par le guidon. Le geste brusque entraînait Yaël à se serrer contre moi. La militaire nous négligeait. La gendarme détournait sa surveillance à l'autre endroit de la place.

— Doucement, Yaël. Nous descendons les marches de l'escalier.

Lentement, nous nous engouffrions dans le métro côté rue Dunkerque. Le couloir était vide. Aucune présence humaine ni devant nous, ni derrière nous. J'étais seul avec mes gosses à cet endroit.

— Papa !

— Oui.

— Il faut tourner à gauche pour passer.

Yaël reconnaissait le passage des tourniquets. À sept ans, sa mémoire fraîche d'éléphant se rappelait les itinéraires empruntés quelques jours auparavant. Les guichets restaient fermés. Les automates pour l'achat des tickets ou la recharge des cartes d'abonnement s'allumaient vert. Toutes les machines à tickets étaient activées en mode service. Je corrigeais mon imagination que les employés de la régie des transports parisiens pourvoyaient d'autres postes de service ce jour-là. Ils n'avaient pas posé un poisson d'avril à cette gare. Les portiques d'accès au quai du métro étaient exceptionnellement ouvertes. Nous traversions puis rattrapions quelques marches terminant au quai de la ligne quatre.

— " Direction Montrouge : prochain train dans quatre minutes, le suivant dans huit minutes ", nous renseignait le haut-parleur.

— Il arrive ! criait mon autre fils, le benjamin.

— On monte. On arrive à Montparnasse après sept, huit stations.

Pas trop sûr de mes calculs à cause du stress montant. Au signal sonore, le bruit de fermeture des portes activait le verrou des portes palières. Les deux quais déserts, le paysage vide défilait sous nos yeux. Nous quittions la zone à près de 70 kilomètres heures au sous-sol parisien. La rame vide, plus légère à rouler, le train accélérait. Station après station, le train continuait avec un nombre insignifiant de voyageurs à bord. Même à la station Strasbourg Saint-Denis s'ouvrant au quartier piéton de Mont-orgueil jusqu'à la zone marchande des Halles derrière l'église Saint Eustache, aucune affluence particulière. Pas moins de cinq voyageurs ne montaient dans la rame du métro. Scénario identique à la station Saint Michel au croisement des deux boulevards : le boulevard Saint-Germain et le boulevard Saint Michel. Le métro arrivait à la station Saint-Germain-des-Prés. Tandis que le radio avertissait que la station Saint Placide était fermée en raison des réductions du trafic par rapport à l'épidémie du Coronavirus, je tremblais de peur de croiser un dernier contrôle avant mon arrivée et ma sortie de la gare

Montparnasse. Redoutant la forte présence policière de la manière disposée devant les grandes gares parisiennes.

— On sort par le boulevard.

— La sortie à l'arrière ? demandait Yaël qui connaissait nos habitudes.

— Oui.

Deux agents de sûreté ferroviaire, affectés à la régie de transports postés au milieu du quai, surveillaient la descente des voyageurs. Je portais mon autre fils pour monter les marches de l'escalier menant à la sortie. Le fléchage aux panneaux indiquait l'escalator. Pratique, l'escalier mécanique nous poussait vers le haut. Nous sautions complètement à l'extérieur. Le carrefour du boulevard Montparnasse, la rue de Rennes et la rue du départ était vide. Aucune voiture ne circulait à notre sortie du métro. Les façades lumineuses des restaurants autour de la place étaient éteintes. Pas de réclame gastronomique en temps de crise sanitaire puisqu'il n'y avait personne pour aller manger au restaurant. Nous bordions le cinéma, traversions jusqu'à nous arrêter quelques minutes de l'autre côté de la rue du départ sous le porche de la galerie du centre commercial Montparnasse. Un panneau nous renseignait la direction de la tour, le repère pour notre chemin. Au même moment, un grand bruit de moteur nous faisait sursauter. Le bus 91 nous dépassait.

— Zut !

— Le bus !

— Il ne s'est même pas arrêté ! se plaignait Yaël.

— Ce conducteur n'est pas gentil, fustigeait mon autre fils, le benjamin.

— En plus, il nous déposait juste derrière la tour !

— En face de l'immeuble où habite Wils Grâce.

— Pas grave. On fait le tour de la tour. La maison de Wils Grâce n'est plus loin.

Le couloir extérieur du centre commercial terminait la rue du départ. Tous les magasins, fermés. À notre passage, nous observions quelques personnes ouvrant de moitié, les rideaux métalliques de deux, trois boutiques. Elles réalisaient quelques inspections. D'autres, anticipaient sûrement leurs inventaires saisonniers pour classer les fins de collection concernant certains articles. Parce que les propriétaires des boutiques, eux aussi inquiets, pleuraient devant les rayons. Les articles exposés baillaient dans la pénombre. La marchandise invendue raillait le comptoir de caisse dont les témoins des coffres ne s'allumaient pas. Un chariot de livraison rangé à l'entrée d'un magasin de vêtements prêt-à-porter se prédisposait à être chargé des produits stockés inutilement dans la réserve au sous-sol. Continuant notre chemin, nous évitions la place Bienvenue à cause de sa juxtaposition à la fois à la gare de train et le parking réservé aux véhicules de police et de secours. Nous continuions jusqu'au début de l'avenue Maine. Au feu rouge, nous tournions à droite et reprenions le passage de la gare côté grands hôtels Pullman et Concorde. La place de Catalogne souriait à Yaël. Mon fils s'éclatait en descendant la pente à la vitesse de 40 kilomètres heure sur sa trottinette à deux roues. Même en période difficile, Paris savait sourire à ses habitants. Les merveilles d'une ville éternelle bâtie pour servir des générations et des générations de gens. Mon fils s'appropriait la ville, élément du patrimoine qu'il apprenait déjà à l'école dans le cadre du récit collectif et les valeurs de partage, de respect, de vivre-ensemble. Somme toute, son petit moment de joie.

— C'est par là ! indiquait-il le chemin.

— À Montparnasse3, on tourne, précisait mon autre fils, le benjamin.

Au même moment, mon téléphone vibrait.

— J'ai un appel.

Avance, papa ! me pressait mon gamin.

— Wils Grâce appelle.

La jeune femme s'inquiétait. L'appel durait à peine des secondes. Sûrement, Wils Grâce s'imaginait des choses.

— Encore un poisson d'avril posé par Elrid ? se doutait-elle.

Certainement pas. Il était 14 heures passées de quelques minutes. Le coup du poisson d'avril s'arrêtait en mi-journée. Je ne décrochais pas à l'appel lancé par Wils Grâce. Car, dans quelques minutes de marche, je sonnais à son interphone.

— Vous voilà ! nous accueillait-elle au bout de notre épreuve.

La porte automatique du hall d'immeuble s'ouvrait. Les enfants soupiraient. Le soulagement d'arriver à destination. Quel trajet éprouvant ? Contre vingt minutes de voyage en temps normal, à 12h 45, heure de départ, nous arrêtions l'heure d'arrivée à 14 heures et 12 minutes.

— Vous auriez dû venir plus tôt, déduisait Wils Grâce le temps qui nous restait à profiter ensemble.

— On a évité les barrières de police, lui rapportait Yaël : ils se sont positionnés à toutes les stations de métro. En plus, on a pris le bus.

— Ils contrôlent partout en ce moment.

— Maintenant que vous êtes là, c'est le principal.

Wils Grâce s'occupait des enfants. Sa fille était contente de retrouver ses amis. Tout de suite, les enfants couraient dans la maison. Mon plus petit lui montrait son ambulance des pompiers en miniature qu'il avait ramenée de Fontenay. Mikale-Mpouélé l'échangeait contre sa tablette de jeu. La petite fille m'attrapait sur mes genoux et me saluait.

— Elrid.

— Bonjour princesse !

— Bonjour Elrid. Voilà mon histoire, me présentait-elle son livre contenant les histoires des animaux les plus drôles : tu me lis mon histoire après, s'il te plaît !

— D'accord, Mikale-Mpouélé.

— Tiens, mon dessin. Les pétales de tournesol épanouies au printemps, me montrait-elle au surplus.

Mikale-Mpouélé adorait les contes que je lui lisais pour l'attendrir. Pour me remercier, la petite fille me dessinait les roses et les cœurs, me priait de les garder avec moi. Je n'avais pas peur de m'attacher à l'enfant, d'autant que j'étais en béguine avec sa maman. Même si, chez les enfants, les dessins et les cœurs n'arrivaient jamais par hasard. Pour m'y échapper, je l'abandonnais à ses camarades. Tous les trois, les enfants s'égayaient.

— Je n'arrive pas à bien dormir ces jours-ci, m'expliquait Wils Grâce ses craintes en m'entrainant dans sa cuisine étendue : je sais que ça paraît stupide.

— Veux-tu rester au moins cette nuit ?

Je ne répondais pas. Je sentais son insistance. Wils Grâce ne voulait pas écourter ce moment. Par son charme, Wils Grâce cravachait. Car nous n'avions pas beaucoup de temps à passer ensemble. Déjà, elle posait les enfants, les circonscrivait dans leur espace pour jouer et manger. Cela prenait énormément de temps. Bien installés, les enfants ne perturbaient pas la conversation des adultes. Ensuite, nous avions bien des choses à nous dire, des confidences à nous livrer, des secrets à nous dévoiler, des doutes à lever au sujet de notre relation. Tout cela, sous fond de confinement à cause de l'angoisse provoquée par la circulation virale dans l'air. Et puis, nous nous inscrivions dans l'après confinement. Quelles perspectives à donner à notre relation ? Car une fois la crise sanitaire terminée, il paraissait évident que notre vie changeait. Plus rien ne serait comme qu'avant. Nous recevions un choc psychologique terrible. Nous prenions conscience de la fragilité de la vie ainsi que la nécessité de bien faire les choses, y compris en amour. Le règne impitoyable du Covid-19 n'était pas un mauvais rêve. En conséquence, il se posait le problème d'un nouveau caractère à imprimer à notre relation, un nouveau mode de vie à inventer pour notre épanouissement.

Quand les sentiments la prenaient, Wils Grâce allait droit au but. Au moins, elle parlait cash. Femme sybarite[5], elle exprimait des sentiments qu'elle ressentait pour moi. Réciproquement, je marchais dans le même sens. J'exécutais ses désirs pour ne pas la frustrer.

Wils Grâce avait envie de changement. Vivre un amour différent l'obsédait. Mais avec quel genre d'homme ? Telle était la question qu'elle se posait.

Des années mises à accepter un homme dans sa vie, Wils Grâce m'expliquait clairement ses intentions. Quelques minutes de silence, elle faisait un bref tour dans sa chambre. Wils Grâce m'invitait à la dépanner sur une bricole. Plus qu'un travail de bricolage, la nature de l'intervention était facilement détectable. Assis sur le bord du lit, j'identifiais sa robe longue en soie beige transparaissant son corps ébène. D'un tour rapide, elle surgissait devant moi, se penchait le long de son corps luisant et se posait sur mes genoux. Sa poitrine remplie exposait le plis de sa paire de seins. Wils Grâce me ceinturait autour du cou. Comme anéanti par un venin, son parfum amande m'atteignait. En l'absence de clé à boulons ou un autre outil de bricolage, je passais ma main sur son dos. Aucune bretelle de soutien gorge ne gênait l'inspection de ma main. Je déduisais qu'elle n'avait pas de lingerie en dessous. Mon souffle montait, me pouls s'accélérait. J'expirais grandement pour évacuer la pression. Je rattrapais mes temps creux passés sur cette beauté

[5] Du même auteur : *Stigmatisée, Drépa saute la vie ; Réussir sa vie malgré la drépanocytose,* Les Impliqués Éditeur 2020, chapitre 3, page 80.

ébène, envoûtante. Wils Grâce me fixait des yeux. Je lui souriais en tirant mes lèvres. Une réponse confuse en présence de la fenêtre d'orgies qui s'ouvrait à moi. Je tombais sous le charme. J'exécutais coup pour coup, les gestes qu'elle me lançait. Ces instants torrides, elle n'avais pas donc des bas. Je les sentis à travers sa peau lisse, alors que mes mains habiles et courtoises, se faisaient un chemin sur ses hanches. En l'embrassant, j'apprenais les courbes de son corps. Mes doigts s'en souvenaient encore, pour demain ; plus longtemps encore, pour un jour plus lointain. Tout pour profiter de notre rencontre. Plaisir.

— Tu aurais dû venir tôt, réclamait-elle voluptueusement, assurée de m'avoir apprivoisé.

— Oui, je vois. Il n'est pas facile pour tout le monde de sortir dans la ville en ce moment.

— Alors, restons à la maison.

Surtout, rester avec elle. J'acceptais la proposition, d'autant que rien ne me pressait de rentrer à Clignancourt. Nous confiner chez elle arrangeait les choses. La situation nous rapprochait. Comme deux acteurs surmontant ensemble cette épreuve, nous nous regardions avec générosité et dévouement. Envie de partir ensemble comme en exécution d'un pacte de sang passé tous les deux ! Terminer ces instants du confinement l'un près de l'autre pour retourner dans l'au-delà en signature de notre promesse de fidélité. En tous cas, nous pensions rester ensemble même après le confinement. Pas toujours à la maison ; certainement déconfinés et continuer à compléter le format de notre relation à quelqu'endroit que ce fût. Désormais à sa merci, j'avais des grands sentiments pour Wils Grâce.

J'explorais ce nouveau champ d'amour à 25 kilomètres de chez moi. Avec l'avantage à la fois la proximité et vivre une relation plus simple, plus accessible. Je rêvais construire quelque chose avec elle. Ma quête d'affection se figeait à cet instant-là sur son personnage. Wils Grâce, une femme serviable et frugale. Ses services et ses douceurs accordés exigeaient un retour. Quel retour ? Au début, je ne l'appréhendais pas. À force de la fréquenter, je notais ses attentes. Wils Grâce, une femme comptable, visant parfois un amour intéressé. Wils Grâce, derrière sa crédulité se voilait une femme écrasante, calculatrice, manipulatrice. Wils Grâce recherchait un homme qui la valorisât, la protégeât, la séduisît, la comblât de biens matériels. Son homme à elle, allait chercher bonheur. Quant à la femme, elle restait à la maison, faisait tourner le foyer. En analysant son tableau, je me rendais compte que je ne cochais pas toutes les cases. L'instabilité sentimentale du personnage ne m'aidait pas beaucoup. Wils Grâce préférait rester seule que d'être accompagnée par quelqu'un qui assurait insuffisamment. Néanmoins, je marquais des points substantiels à ses yeux.

— Tu es gentil, adorable.

— Merci.

— Je regrette que tu n'aies pas réussi à sauver ton couple et préserver ta petite famille.

— Bien des choses arrivent dans la vie. Maintenant que je t'ai trouvée.

— Vraiment ?

— Laissons faire les choses. Notre relation n'est qu'à ses débuts.

— Tu as raison. Laissons nos cœurs s'habituer, nos esprits fusionner, nos rêves s'envoler. Inutile de nous précipiter à nous mettre en couple.

— D'accord.

— Montres-moi quand même du concret à travers notre affection. Après, je t'élis dans mon cœur.

— Dois-je comprendre que tu me mesures le degré d'affection que je te porte ?

— Non, bien sûr que non. Je sens que tu m'aimes. Juste que je veux un homme qui assure à cent pour cent.

— Ne prends pas ça mal. Juste que depuis que je te connais, tu n'as jamais rien. Hormis ta gentillesse, ta galanterie, tu n'as jamais d'argent. L'amour ne se nourrit pas seulement des belles paroles et d'eau fraîche.

— J'avoue que je suis un peu diminué financièrement à cause de mon divorce qui, certes, est encore récent.

— ça me fait peur de continuer avec toi. Parce que je dois me payer mes affaires, mes déplacements. Je dois changer ma garde-robe, changer mon canapé. Mes murs sont dégelasses parce ce que ma fille a posé ses empreintes des mains avec des taches de chocolat partout. Des coups de crayons aussi. Mikale-Mpouélé prend les murs du salon pour ses papiers à dessin. Je dois donc refaire tout le papier peint des quatre murs du salon. Le printemps arrive.

Les paroles de femme conservant une part de lucidité malgré les larves des sentiments qui débordaient. Charmeuse de serpents, Wils Grâce captivait. Animal blessé par une vie maritale écornée, j'étais vulnérable. Je concédais. Je m'accrochais aux branches d'amours pour rebondir. J'osais l'amour. Je sortais du confinement avec la conviction de réussir en suivant les choses essentielles honorant mon parcours. Par l'amour, je relevais le défi de sortir de l'isolement, des médiocrités dans le choix des amis et des personnes autour de moi. Par l'amour, j'élevais ma conscience à rechercher les choses vertueuses pour agrémenter mon existence et donner un sens intéressant à ma vie. Par l'amour, je triomphais contre le mal être qui m'habitait. Par l'amour, j'existais, je reprenais goût à la vie. D'ailleurs, Wils Grâce brisait les chaînes de son enfermement depuis qu'elle me connaissait.

Le soir venu, nous sortions prendre l'air. Wils Grâce achetait deux ou trois bricoles chez l'épicier du coin. Les commerces alimentaires de proximité étaient autorisés à ouvrir durant la période du confinement. Ces acteurs du quotidien maintenaient la vie dans le quartier.

— Faisons vite parce qu'il est tard.

Dehors, nous étions émerveillés d'entendre les gens crier depuis leurs fenêtres éclairées par les lumières intérieures de leurs appartements. Le silence habituel de ce coin du XVème, brisé soudainement par un bruit général. Les habitants du quartier Procession jusque côté Institut Pasteur entraient, eux aussi, en concert des hommages rendus au personnel soignant des hôpitaux comme chaque soir à cette heure-là partout en France.

— Il est 20 heures.

Tous les soirs à cette heure-là, les parisiens rendaient un hommage vibrant au personnel soignant des hôpitaux et des centres de santé en ville. Ces soldats en première ligne de front contre l'épidémie du Coronavirus. De l'autre côté du rond point Armorique au début du boulevard Pasteur, j'apercevais l'éclair du phare en rotation de la Tour Eiffel. Également à la même heure, le monument affichait l'inscription gratifiante :

— Merci.

Suivi de l'énumération des noms des héros de la nation qui défilaient. D'abord, les soldats de première ligne : médecins, infirmiers, aides-soignants, brancardiers, ambulanciers, délégués médicaux, urgentistes, pharmaciens, pompiers, secouristes, policiers, gendarmes, militaires, cuisiniers d'hôpital et agents d'entretien. Ensuite, les noms désignant les soldats de deuxième ligne que représentaient entre autres : les bénévoles d'associations, les livreurs, les caissiers et les caissières, les routiers, les commerçants de proximité, les éboueurs. Puis, les soldats de troisième ligne : les parisiens, le tiers des salariés qui assuraient les points de continuité d'activités professionnelles. D'autres personnes qui télétravaillaient chez eux, à la maison, pour maintenir l'existence du pays. De même que l'ensemble des populations qui respectaient les mesures générales de confinement, les gestes barrières ; mesures édictées par les pouvoirs publics dans le cadre de la lutte contre la propagation du Covid-19. Enfin, s'illuminait le gentil ordre :

— " Restez chez vous ! "

Rester à la maison, prendre soin de soi et des siens. Rester à la maison, attendre que la situation se tassât. Rester à la maison pour se protéger et protéger les autres. Rester à la maison pour faciliter le travail des services des urgences et de soins intensifs déjà submergés par l'afflux des patients ordinaires et des malades spéciaux Coronavirus. Rester à la maison pour éviter aux médecins d'être obligés de choisir entre les patients à admettre en soins intensifs et ceux à retarder leur prise en charge. Rester à la maison pour augmenter la durée de vie de certaines personnes malades ou des personnes atteintes de maladies de longue durée ainsi que des personnes à risques nécessitant une continuité de soins. Rester à la maison en manifestant la part d'humanité inhérente à chaque individu dans sa vertu d'agir pour préserver la vie. En somme, rester à la maison pour sauver des vies. La leçon d'humanité donnée par les nations du monde dont plus de la moitié des populations contraintes de vivre confinées. Les unes après les autres, les nations du monde se mobilisaient contre la propagation de la pandémie du Coronavirus. Une leçon sublime à l'actif d'acteurs contemporains que nous étions depuis la fin de la seconde guerre mondiale. Effrayés du risque et conservateurs des habitudes propres à notre ère dans nos façons de travailler, nous étions privés de nos loisirs quotidiens. Seule demeurait, l'expression de nos sentiments affectifs envers nos proches. Nous pensions encore à la vie. Nous nous levions à différents fronts pour combattre. Car vaincre la pandémie du Coronavirus s'inscrivait dans le cadre d'une victoire collective. Un succès des peuples à préserver la mesure de l'humain. Nous étions fiers d'acclamer à nos balcons, à nos fenêtres, le personnel soignant tous les soirs à 20 heures. Mais pas seulement tous les soirs ! Les autres instants de la journée aussi. Soigner les gens, soulager les souffrances des personnes et des familles affligées par l'angoisse. Les soignants s'exposaient, eux aussi, à l'attaque de l'ennemi dantesque, le Covid-19. Tendre la main aux personnes fragiles à qui la dureté de l'existence tournait le dos en les réduisant en situation de dépendance ou de handicap, figurait parmi les métiers nobles exercés dans la société.

Les jours d'après, le retour à Clignancourt nous apaisait du confinement. La route n'était pas simple. Le parcours compliqué à emprunter en raison des réductions du trafic dans le métro.

En début de soirée, nous prenions le bus jusqu'à l'église Saint-Germain-des-Prés. Le boulevard Saint Germain, habituellement bruyant par la circulation des véhicules, était désert. Abandonné par ses usagers. Un parisien sur trois avait quitté la capitale. Le type de classe sociale aisée, disposant de résidence secondaire à l'intérieur des régions. Le marqueur des inégalités entre les populations, révélé par la circonstance du confinement. Comme quoi, la vie s'arrêtait à Saint-Germain-des-Prés ; mais les inégalités entre les couches sociales se creusaient davantage. Les enseignes lumineuses des restaurants qui, en temps normal, agrémentaient les promenades nocturnes le long du trottoir, toutes éteintes. Les commerces fermés. Les feux de circulation clignotaient orange, faute de trafic. Un calme inhabituel à cet endroit vivant de la capitale. En quelque sorte, le quartier se recyclait entre sérénissime et fantomatique.

Nous rattrapions le métro en bas de l'église Saint-Germain-des-Prés. Comme au départ, le train quasiment vide jusqu'à la station Les Halles. Une petite différence remarquée à ce niveau par des ouvriers, des personnes rentrant de leur travail ou montant dans la rame. D'autres soldats parmi les actifs sortaient pour aller travailler. Nombreux avaient des plannings aménagés. Par leur travail, ils continuaient à faire vivre la nation. Les points d'activités maintenus par les pouvoirs publics malgré la période du confinement. Ces travailleurs exceptionnels ne pouvaient pas exercer leurs activités sous la forme de télétravail.

Le conducteur annonçait le dernier passage du train. À 21h 45, le service terminait. Wils Grâce téléphonait pour savoir si nous étions bien arrivés.

— On vient de quitter gare de l'Est.

— D'accord. Donc, vous arrivez bientôt à Porte de Clignancourt.

— C'est le dernier train. Après, le trafic est terminé.

— Ouh là ! À 22 heures ?

— Et oui ! On a eu la chance de prendre ce train. Autrement, on serait bloqué vers chez toi. Imagine la galère !

Quand elle ne voulait pas me lâcher ! Quand l'envie lui montait à la tête, Wils Grâce ne se souciait de rien. Aveuglée par ses sentiments. Elle se réconfortait par la sensation de rester grouper. Du moment qu'on était confiné chez elle à la maison. C'était la sécurité et la tranquillité pour tout le monde.

Quelques passagers remplissaient le train à la station Marcadet. Puis, il se vidait au terminus. À l'extérieur, les ouvriers de la nuit se dispersaient sur la place de la Porte de Clignancourt. Subitement, les gens convergeaient au carrefour boulevard Ney, la nouvelle ligne du tramway et le prolongement du boulevard Ornano en direction du marché aux puces de Saint Ouen. Le feu de circulation passait au vert pour les piétons. Il n'y avait aucune prudence particulière à observer en traversant les voies puisqu'il n'y avait pas de trafic de voitures et de tramway à cette heure de la nuit. L'évidence du confinement. Tout le monde traversait. Les gens se perdaient comme une trainée de poudre dans l'air. Quelques minutes de marche dans la nuit, nous arrivions devant la grille d'entrée de notre résidence d'habitation.

— On est arrivé, s'apaisait mon autre fils, le benjamin.

Se précipitant sur le digicode, Yaël tapait les chiffres. Mon plus petit composait le code d'accès. Comme mes deux garçons aimaient se répartir les tâches ! La porte se déverrouillait. Doucement, je poussais la grille. Nous franchissions la cour. Le silence de la terreur imposée par le Covid-19 planait dans la cour centrale de la résidence. Le contraste des jours ordinaires dans la vie du quartier. Le hall du bâtiment, toujours fermé. Personne ne se trouvait à proximité. Aucun voisin ne trainait dehors ni aux alentours. J'entrais sans faire remarquer notre présence. Mes enfants, épuisés, me suivaient en silence. Le détecteur de présence fixé au-dessus de la grande porte actionnait la lumière. Nous étions découverts. J'accélérais les pas en tirant mon plus petit par la main. Yaël heurtait sa trottinette contre la poubelle posée en bas à l'extrémité du bloc des boîtes aux lettres des résidents de l'immeuble. Geste d'enfant.

— Shut !

— On est arrivé, répétait à nouveau mon autre fils, le benjamin.

L'avantage d'habiter au rez-de-chaussée lorsqu'on rentrait tard. Je tournais délicatement la clé dans la serrure. J'ouvrais la porte. L'appartement nous accueillait. Nous nous y reposions.

La présence dans la Toile enlevait l'angoisse du confinement. Mon appartement du XVIIIème dans ce quartier populaire de Paris ne comportait pas assez d'espaces pour mes gosses. J'attendais la fin de la semaine pour ramener mes enfants à leur maman à Fontenay-sous-Bois, la résidence principale de mes enfants.

Je surfais sur internet. J'ouvrais plusieurs fenêtres de consultations dans mon ordinateur. Ma boîte de messagerie instantanée attirait mon attention sur un avis : " Important " : passage en classe supérieure ". Une nouvelle annonce envoyée par la maîtresse de classe de l'école à Yaël. Mon fils passait en deuxième année élémentaire à la rentrée prochaine de septembre. Le formulaire rapportait la décision du conseil des maîtres. Adressé par mail, le formulaire signé par mes soins, à retourner également par courrier électronique à l'adresse indiquée. Je courais dans la chambre apporter la bonne nouvelle à Yaël.

— Yaël !

— Papa !

— Tu passes en deuxième année d'élémentaire.

— Bravo, mon fils !

Ne trouvant pas d'adjectifs appropriés pour exprimer sa joie, Yaël souriait, la tête baissée. Geste d'enfant pour ainsi dire ses émotions.

— Ta maîtresse de classe vient de m'envoyer un mail.

Je téléchargeais le fichier et l'imprimais. En remontant dans la lecture de mon courriel, je comprenais qu'il existait une faculté de répondre par simple retour de mail. Sur le coup, je confirmais la décision du conseil des maîtres, décision au demeurant favorable à mon fils. Je cliquais sur la flèche enveloppe d'envoi de la manière représentée par l'icône en haut à droite de mon écran d'ordinateur. Je remplissais donc la formalité.

— Et moi, papa ? me questionnait mon autre fils, le benjamin toujours en concurrence larvée avec son frère.

— Un instant. Je regarde pour toi.

Nul doute que je trouvais la même chose pour mon plus petit encore à l'école maternelle. Souvent, les maîtresses se passaient le mot lorsqu'elles communiquaient aux parents d'élèves à propos de leurs enfants. Je consultais à nouveau mes messages. Un courriel identique cette fois, concernant mon autre fils scolarisé à l'école maternelle du quartier. La teneur allait dans le sens du passage de mon second enfant en grande section maternelle.

— Tu es grand maintenant !

Je félicitais aussi mon fils. J'embrassais mes deux garçons et les serrais dans mes bras. La joie de les voir s'épanouir. Mes enfants réussissaient facilement à l'école. Certes, la circonstance exceptionnelle liée à la crise sanitaire précipitant à la fermeture temporaire des écoles expliquait la décision scolaire favorable à mes gosses. Passer en classe supérieure sans évaluation de connaissances et d'aptitudes par la case examen. De toutes les façons, crise sanitaire ou pas, mes enfants évoluaient bien. Du coup, je validais la décision du conseil des maîtres. Notre famille, quoique réduite, se félicitait par le succès.

4

Derrière une rencontre manquée, une amélioration.

C'était une rencontre qui réalisait un tournant à ma vie en dehors de mon voyage à Nîmes chez Claimelle. Je devais impulser un nouvel élan sur le cours de mon existence. Une rencontre qui changeait radicalement ma vie. Tant, mes amis fondaient leurs espoirs sur mon activité. En fait, je menais un projet de développement social et culturel au Congo-Brazzaville. Je travaillais avec les autorités locales sur les différentes étapes de la réalisation du projet. Déjà, plusieurs partenaires me ralliaient. Les hommes d'affaires des diasporas africaines présentes en France. Des entreprises françaises désireuses participer à l'aventure de transformation de l'Afrique en cette nouvelle ère propice au développement intégral du continent noir. Le pays concerné par mon projet, le Congo. Un pays chaud, naturellement. Un pays pluvieux, naturellement. Un pays pauvre, au cœur de l'Afrique équatoriale. Un pays pleurant la misère, le besoin de connaissance et de culture. Comme tous les autres, un pays touché par la pandémie du Coronavirus.

Mon projet intéressait les femmes. Il visait à intégrer effectivement les femmes dans le jeu de recherche des solutions idoines aux problèmes inhérents à leur autonomie, leur intégration au développement. Bref, leur épanouissement. Le schémas proposé créait un cadre de dialogue, d'accueil et d'accompagnement des femmes victimes des violences, des discriminations de toutes sortes. De plus, le confinement ordonné par les pouvoirs publics présentait un danger pour certaines catégories des femmes. Les violences conjugales à leur encontre explosaient. Les cas de maltraitances d'enfants réapparaissaient. Des inquiétudes augmentaient du point de vue social. J'échangeais régulièrement avec Stella Mikaella Sassou, maire de la commune d'implantation de la Maison de la femme où je projetais construire cet édifice du futur.

Un soir, je descendais de mes pensées. Mon plan de travail rempli sur un papier blanc format ordinaire hachuré plusieurs fois en traits de stylo noir. Je corrigeais mes hypothèses. Je faisais le tour des entreprises que je sélectionnais pour matérialiser mon plan, une foi la crise sanitaire terminée. Rien de précis n'arrêtait ma réflexion. Mes enfants s'occupaient sur une activité. Yaël dessinait, mon plus petit l'embêtait. Il arrivait aux deux frères de se disputer les jouets. Gestes d'enfants. Ils ne restaient pas longtemps sur une activité qu'ils voulaient passer à autre chose. Ils jouaient avec un objet de divertissement ou de création en même temps. Le plaisir de l'un allait avec l'immixtion de l'autre au jeu. Certain de la lourdeur du confinement, je ne m'énervais pas sur mes garçons. Je proposais à Yaël de jouer dans une zone séparée de la zone où jouait son petit-frère. Mon plus petit me construisait une maison à partir des paquets et des cartons, des boîtes à chaussures que j'avais rassemblés autour de lui. Comme un ouvrier, il s'appliquait à la tâche, assis au milieu des matériaux. Ce qui me remettait sur mes pensées.

Des heures s'écoulaient. J'accusais un coup de pompe. Yaël quittait la table. Il allait se coucher. Ma surveillance générale dans la maison baissait. Soudain, mon écran de téléphone s'allumait. L'alerte d'un message instantané. Je glissais mon doit sur l'écran et balayait l'écran de veille. Je déverrouillais le clavier tactile de mon appareil téléphone. Une page s'affichait :

— " Bonjour. Je suis actuellement en France. Je vous rappelle plus tard ".

Stella Mikaella Sassou à Paris. La fille cadette du président congolais effectuait un bref séjour dans la capitale. Plus d'un an que je ne l'avais pas vue. L'occasion venait à point nommé pour moi, de consolider notre amitié. Par mon projet de construire une Maison de la femme[6] à Kintélé, je revitalisais les programmes de réductions des inégalités entre les hommes et les femmes au Congo-Brazzaville. Je remettais d'intérêt pour la femme à prendre réellement place au processus d'émergence sociale, économique, culturelle du pays. Aux côtés des femmes, je participais aux nouvelles conquêtes pour leurs nouveaux droits. Je tournais un regard vers un avenir féminin au Congo. Pour cela, j'associais les autorités locales. Car les femmes, longtemps vécues dans la main tendue vers les hommes pour leur élévation sociale. Les femmes, attendant longtemps la main tendue pour exister au travail, dans l'entreprise aux côtés des hommes. La fille cadette du Chef de l'État congolais était la personne la mieux à même à m'accorder les autorisations nécessaires. Mes partenaires français attendaient. Stella Mikaella Sassou dirigeait la commune de Kintélé en sa qualité de maire. En plus d'être députée de la circonscription. L'élue locale venait de tirer la sonnette d'alarme sur l'urgence sanitaire au Congo à propos de la détection des premiers cas de la présence du Coronavirus dans sa commune. Un étudiant congolais en fin de formation, rentré de Chine, testé positif au Covid-19. Le cas suspect ou non encore avéré, orienté à l'hôtel de ville de Kintélé au lieu d'être dirigé vers un hôpital. Surréaliste ! La raison, les gens qui avaient ramené la personne avaient confondu l'édifice de l'hôtel de ville de Kintélé à l'architecture du bâtiment abritant le Centre hospitalier et universitaire de Brazzaville.

— On vient de nous envoyer, à l'hôtel de ville, une personne atteinte du Coronavirus, pestait Stella Mikaella Sassou ! Nous ne sommes pas un hôpital. J'attends des services du ministère de la santé de réagir au plus vite et activer les mécanismes de prise en charge des cas Coronavirus. Nous ne voulons pas avoir des morts à l'hôtel de ville de Kintélé.

La réaction de la maire faisait le tour du pays. Un cas Covid-19 signalé à Kintélé, une localité située à 25 kilomètres du centre-ville de la capitale

---

[6] Du même auteur : *Bannir la polygamie au Congo, combat de la députée maire Stella Mensah Sassou Nguesso Volume,* éditions L'Harmattan.

Brazzaville. L'information tournait en boucle dans les réseaux sociaux. L'emballement général des Congolais. La panique chez les habitants. Brazzaville détectait ses premiers cas dès janvier 2020. Quatre mois plus tard, le 2 avril, la ministre de la santé annonçait deux premiers décès à Pointe-Noire, la deuxième ville du pays. Le 29 avril, le nombre de personnes positives au Covid-19 passait de 73 à 209, établissant un plateau épidémiologique. Un premier bilan provisoire pointait six personnes décédées. Le 26 mars, le Congo fermait ses frontières terrestres et aériennes. Le ministère de l'agriculture, de l'élevage et de la pêche présentait quelques dérogations concernant les importations des denrées alimentaires et les circuits des produits halieutiques nécessaires aux populations en ce temps de crise sanitaire. Par le même fait, le confinement général de la population, initialement prévu au 30 avril, se prolongeait au mois de mai. Première mesure immédiate prise par les autorités congolaises. Plus frappant, l'état d'urgence sanitaire et le couvre-feu sur l'ensemble du territoire national. La mesure restrictive des libertés courait entre vingt heures et cinq heures du matin. Tout le mois de juin, impacté par cette première mesure. Puis, le mois de juillet pour la seconde décision de prorogation. Les autorités adaptaient les mesures de protection générale des populations en fonction de l'évolution pandémique Coronavirus.

Plutôt au mois de février, Wils Grâce s'était entretenue au téléphone avec Stella Mikaella Sassou. Les deux femmes échangeaient dans le cadre du projet d'aide aux femmes que j'initiais à Kintélé. Le Congo suivait de très près l'expansion de la maladie. L'Etat adoptait les mesures nécessaires à endiguer le Coronavirus sur le sol national. Le climat chaud ralentissait la circulation du virus dans l'air. Il n'en demeurait pas moins la campagne de sensibilisation au sujet du danger causé par la circulation virale. Comme toutes les épidémies et les maladies infectieuses, le Coronavirus atteignait la pente de crête. La courbe amorçait une légère chute. Encore quelques mois pour comprendre les origines du virus et le type d'anticorps générés dans l'organisme chez les personnes guéries spontanément ou le cas des patients ayant subi d'intenses soins hospitaliers.

Enfin, l'évaluation de l'éventualité d'une imminuté collective dans les zones des populations touchées par le Coronavirus. Les appels à la prudence et à rester confiner chez soi se multipliaient. Le Premier ministre et le président de l'Assemblée nationale signaient conjointement devant les caméras de télévisions, les photographes des magazines d'informations et les médias, un chèque de 500 millions de francs pour financer les opérations nécessaires à lutter contre la propagation de la maladie. Les Congolais se rassuraient de la prise en compte au sérieux de la mesure de la situation sanitaire par les autorités. Le front africain hissé contre le Coronavirus dépassait les postures et les slogans nationalistes. La coopération internationale, mise à contribution pour vaincre la pandémie. Un défi médical sans précédent à relever au crédit des nations. D'autant que la rapidité avec laquelle circulait le Covid-19 et la violence de son attaque contraignaient deux tiers de la population mondiale à vivre confinée. Les démocraties d'Asie s'en sortaient mieux de la pente de crête Coronavirus. Très tôt, elles adoptaient des mesures radicales allant du confinement et la distanciation sociale au dépistage généralisé. Les industries médicales répondaient favorablement à la demande des gouvernants de leur produire des kits de tests Covid ainsi que d'autres outils pour dépistage. Rapidement, les ordres de confinement y avaient été donnés. Le port de masques déjà habituel en Asie, se généralisait. Les tests sérologiques rendus pour la plupart, systématiques. Les outils numériques et les éléments de technologie médicale, utilisées à bon escient. Les procédés de traçages facilement imposés aux habitants. Ces derniers accueillaient favorablement les mesures. Ils n'y percevaient aucune gêne particulière dans la collecte de quelques données personnelles. Tant, l'impératif de santé constituait une priorité cardinale. La santé, un bien commun et précieux à préserver. À telle enseigne qu'en début du mois d'avril, le déconfinement des populations à Taïwan, en Corée du sud ne provoquait pas d'inquiétudes particulières aux autorités. Le civisme des habitants aidant. L'effort collectif demandé, parfaitement compris et accepté par tous.

À la traine des démocraties asiatiques, les européens tergiversaient. Au départ, les Occidentaux tardaient à prendre conscience de l'utilité des technologies numériques au renforcement de ce qu'ils possédaient d'avantageux dans la médecine et l'économie. Ils géraient bien la crise en préservant l'économie. En revanche, les pays d'Europe hésitaient à utiliser certains outils numériques dans la campagne contre la progression du Covid-19. Lentement, ils intégraient des données numériques même personnelles aux réponses à apporter à la campagne contre le Coronavirus.

Inhérente à leur nature, les pays africains optaient pour les postures idéologiques à la recherche réelle des solutions pour endiguer la pandémie et sécuriser la grande partie des populations. Les pays africains arboraient l'absence chronique des moyens pour financer la recherche. La faible qualité du niveau de médecine et la quasi inexistence de la recherche scientifique sur le continent. Malgré l'existence des réseaux d'échanges et de coopération sous régionale avec des parrainages importants en Europe, aux États-Unis, au Canada, en Chine, à Cuba pour certaines pathologies : Ébola et le paludisme en République démocratique du Congo ; drépanocytose à Madagascascar, au Mali, au Cameroun, en République du Congo. Laissant l'intelligence hellène opérer pour ensuite en réclamer le bénéfice du vaccin par le biais de la coopération internationale. Dans ce registre, la France annonçait maintenir l'enveloppe d'un milliard 200 mille euros pour aider l'Afrique à lutter contre la pandémie du Coronavirus. En plus d'inciter ses partenaires européens et américains à annuler la dette extérieure africaine qui pesait lourdement sur les programmes de développement du continent. Résister à la crise sanitaire faisait imputer des dépenses supplémentaires de soutien à l'économie et aux solidarités. Plutôt une bonne nouvelle pour les États africains. Une habileté séculaire des pays africains, confortant leurs stagnations scientifique, économique, sociale, culturelle sous régionale et panafricaine. Comme à chaque crise majeure secouant le continent, quelques illuminés émergés criaient à un nouveau départ pour relever l'Afrique de la pauvreté, du sous-développement. Ils se réfugiaient dans l'ombre de la prière et l'espoir. Malheureusement, les pays africains, les uns à la suite des autres, retombaient très vite dans les travers des retards économique, social, culturel chroniques et les errements à rebours des programmes ambitieux de transformation des sociétés à moyen et long terme. La faute à l'histoire !

Il ne s'agissait pas de changer l'Afrique par les observations globalisantes posées à partir de la crise sanitaire. À l'instar des diasporas africaines entreprenantes, présentes en Occident, je revitalisais les programmes collectifs de développement social et culturel à l'échelle locale de la commune de Kintélé. Fort de la nouvelle génération des personnalités politiques dirigeantes davantage jeunes et disposer à formater leur logiciel de gestion de la chose publique pour parvenir à réaliser mon projet. L'amitié avec Stella Mikaella Sassou allait dans ce sens. Je persévérais sur cette voie. L'avantage, madame la Maire collaborait.

— Bonsoir Elrid. Comment allez-vous ? me disait-elle le soir au téléphone comme prévu.

— Bien.

— On se voit comme convenu. Demain dans la journée, je vous indique l'endroit où nous rencontrer.

— Entendu.

La rencontre avec Stella Mikaella Sassou écrivait une nouvelle page de ma vie. Désormais, ma position d'acteur engagé pour la cause de la femme au Congo-Brazzaville confirmait ma stature vis-à-vis des autorités congolaises. Toute la journée, je soignais mes apparences ; j'opérais les choix sémantiques à séduire la fille du président.

Le soir, à l'heure du dîner, j'apportais un complément d'aliments aux enfants installés à table. Une énième demande capricieuse des gamins me redirigeait dans la cuisine. Mon téléphone sonnait.

— Bonsoir Elrid ! Je suis obligée de trouver, par tous les moyens, un vol pour rentrer vite au Congo par crainte d'être bloquée en France. Je viens d'apprendre que les frontières extérieures de l'Union européenne vont être fermées pour cause de Coronavirus.

La propagation rapide du Covid-19 sur le territoire français inquiétait les autorités. Capricieux, le virus variait ses attaques selon les environnennements qu'il pénétrait. L'épidémie se répandait dans les villes, les communes, les régions, les départements. Paris, la petite et la grande couronne figuraient en rouge écarlate parmi les zones à forte circulation virale et le taux d'incidence de la maladie augmentaient dangereusement. La cartographie dressée par le ministère de la santé l'illustrait. La maladie semait la détresse. Les chiffres alarmants dans les maisons de retraite et la Seine Saint-Denis, département le plus pauvre de France. Plus de 63 % de décès comptabilisés à la troisième semaine et à la quatrième semaine du mois de mars dont 508 morts dans la seule ville de Sevran. Plus près de là, l'hôpital Avicenne de Bobigny recevait la visite du Chef de l'État pour revaloriser le travail des soignants, encourager le personnel et les rassurer qu'il bénéficiait d'une augmentation rapide du matériel de protection, des masques, des respirateurs et des médicaments, des blouses. La Haute Marne pleurait 54 % de décès contre 47 % dans le Val d'Oise et 32 % à Paris. La deuxième allocution présidentielle au journal télévisé de 20 heures, en moins d'une semaine, martelait la gravité de la crise sanitaire, annonçait la fermeture des frontières extérieures de l'Union européenne. Stella Mikaella Sassou craignait, à raison, d'être coincée à Paris. Au regard des responsabilités que la parlementaire et élue locale congolaise assumait dans son pays, le Congo-Brazzaville. Pris de regrets, je rappelais au domicile où résidait Stella Mikaella Sassou.

— Stella Mikaella vient de sortir, me disait une voix de femme qui décrochait.

Tard le soir, Stella Mikaella Sassou actionnait la machine diplomatique congolaise présente en France pour lui affréter un avion au départ de l'aéroport Roissy Charles De Gaulle ou au départ de n'importe quel aéroport parisien. Du côté de Villacoublay, des jets réservés aux officiels étaient utilisés pour répondre à pareilles situations exceptionnelles. Plus que 48 heures et l'espace aérien des 27 pays européens fermait aux pays hors Union européenne. La panique dans la famille hôte de la fille du président à Nanterre. La double angoisse provoquée par le Coronavirus et l'accueil d'un membre de la famille assez encombrant que le travail appelait à la fois à Kintélé pour l'exercice quotidien de son mandat électif local et au Congo pour l'exécution de ses fonctions de députée nationale. Plus grave, la vague des critiques venant des adversaires du gouvernement congolais prêts à taper à bras raccourcis sur la parlementaire aux fins d'obtenir un angle de tir pour leurs enquêtes à charge et leurs observations acerbes contre leur propre pays. Un grand classique des oppositions congolaises à court de matrices idéologiques, carentes des projets propres à générer des formats intéressants de développement pour leur pays.

— Les Congolais critiquent et détruisent plus facilement qu'ils ne proposent et ne construisent. C'est une inclinaison effarante à refuser le progrès même pour leur propre pays.

— Par contre, les Congolais applaudissent instantanément les progrès réalisés chez leurs voisins africains.

— Vous avez raison, Elrid. Essayons d'avancer sur nos projets ciblés de développement local. Donnons-leur envie de réussir et regagner d'amour pour leur pays.

— J'ai vu à Cotonou, à Abidjan, à Douala, à Conakry, à Malabo, à Lomé, à Lagos, à Dakar, à Niamey, comment les jeunes des diasporas africaines innovent dans leurs pays.

La soirée suivante, je cherchais à joindre Stella Mikaella Sassou au téléphone. En vain. Je me faisais du soucis pour elle. Mon empathie inconséquente en raison de la classe sociale à laquelle appartenait Stella Mikaella Sassou. Son séjour parisien brusquement écourté par la crise sanitaire qui s'aggravait du jour en jour en Île de France. Obligeant les autorités à durcir les mesures de protection contre la progression de cet ennemi dantesque. J'en payais les frais. De même que Stella Mikaella Sassou. Tout l'argent à débourser pour rendre effective la rencontre ne suffisait pas à nous rapprocher. Je mettais au courant Wils Grâce. Depuis son quartier à Montparnasse, Wils Grâce prépositionnais un taxi pour ramener à mon domicile notre invitée. Puisque l'ordre de confinement des parisiens entrait en vigueur. James Ndinga Oba, notre photographe officiel du groupe, attendait le signal pour nous rejoindre. Comme Wils Grâce, il avait bien activé son application de taxi réservé avec chauffeur au moyen de son application mobile. La séance photo prévue lors de la rencontre se compromettait. Cependant, nous y croyions jusqu'au bout. D'un côté, Stella Mikaella Sassou se démenait pour trouver son avion et rentrer au Congo. De l'autre côté, nous œuvrions à sauver notre rencontre. Chacun des camps se battait pour son intérêt. Notre naïveté de croire à la rencontre nous faisait perdre la journée. Notre position déséquilibrée, nous ne pouvions pas établir un rapport de forces. En ce que les choses se jouaient par rapport à la fille du président. Son programme primait sur toute autre organisation. La fin de la journée révélait notre impuissance à ramener Stella Mikaella Sassou même pour quelques minutes à notre rendez-vous. Paris, sous alerte sanitaire maximale Coronavirus. L'ennemi terrorisant se promenait dans l'air. Il ne choisissait pas ses cibles. À son passage, le virus faisait des victimes parmi les gens ayant entré en contact avec lui. L'ennemi inconnu laissait des morts. Maintenant que les signes de contamination au Covid-19 découverts dans le réseau d'eau non potable de la ville de Paris. Ce qui compromettait notre rendez-vous.

Donc, aucune réponse de Stella Mikaella Sassou. Notre prestigieuse hôte, couverte par toutes les protections diplomatiques en vue de son retour à Brazzaville.

— De toutes les façons, je reviens en France au moins d'août. Espérons que d'ici-là, la situation sanitaire s'améliore, tempérait-elle en me nourrissant d'espoir de la revoir en report de notre tête-à-tête.

— D'accord.

J'acquiesçais. J'accusais le coup. La déception était à la taille de la désillusion. Je descendais de mon cocotier. L'esprit vide, je ne voyais plus de quelle façon piloter mon projet après le fiasco de mon plan de communication préparé, si ma rencontre avec la fille cadette du président congolais avait eu lieu. Dignement, je lui souhaitais le cœur serré :

— Bon retour !

— Merci. Je ne vous oublie pas.

Toute la matinée, Stella Mikaella Sassou patientait à Roissy un vol pour quitter Paris. Objectif, parer au plus presser ; quitter le sol européen au plus vite. Ses prières montaient vers la mise à disposition d'un avion ce matin-là. Quitte à se poser quelque part en Afrique. À Raba, à Casablanca, à Dakar, à Cotonou, à Kigali, à Kinshasa, à Addis-Abeba, à Johanesbourg. Pourvu de se rapprocher de Brazzaville ou Pointe-Noire. L'épuisement dû à l'allongement du trajet importait peu. Une épreuve de plus dans la résistance à la pandémie du Coronavirus. Qu'est-ce que ce virus bousculait les convenances, terrorisaient même les personnalités d'importance ? Une fois rentrée au Congo, Stella Mikaella Sassou se reposerait.

Prendre mon mal en patience comme je le faisais avec mes amours paraissait la seule chose qui me restait à faire. Sur le coup, je ne forçais pas le destin. Je n'observais plus l'étoile indiquant les signes de mon destin. Les choses à venir auxquelles je songeais depuis longtemps m'échappaient. Pour le coup, je ratais une amie. Cependant, je ne perdais pas sur tous les tableaux. Je continuais à échanger au téléphone avec la députée maire de Kintélé. Nous intensifions nos partages par les réseaux sociaux, la messagerie électronique et les missions officielles de transmissions des correspondances. Et puis, je retournais à mes papiers. Je digérais ma déception dans les bras de Wils Grâce. Tous mes plans immédiats pour le coup, avortés.

— Trêve de pleurer, me consolait Wils Grâce. Tu la vois d'ici peu. Le mois d'août n'est plus loin.

Quelques semaines plus tard, en regardant la télévision, les nouvelles étaient bonnes. D'abord, du côté de Wuhan : le déconfinement à grande échelle commençait le 8 avril. L'heure du bilan sonnait. Une lueur d'espoir pour la plupart des gens à travers le monde. La pandémie, loin d'être maîtrisée, ralentissait. Nous nous gardions de fêter la victoire. À Paris, les autorités fixaient les débuts du déconfinement au 11 mai. À cette date, les écoles rouvraient. Le travail reprenait. Les sorties permises, les festivals et autres formes de rassemblements de personnes autorisés. Ensuite, la recherche avançait. Les professionnels de médecine levaient des espérances. La course au vaccin donnait ses premières indications. Plusieurs essais cliniques s'effectuaient sur de nombreux cas et dans plusieurs pays. De la controversée quinine au vaccin contre la tuberculose ou le vaccin prescrit pour traiter la maladie tropicale Ébola. Certaines hypothèses d'injection de cellule prélevée d'un ver marin avaient cours. Plus prometteur, l'injection de plasma à partir d'anticorps prélevés sur une personne guérie du Coronavirus. Le procédé renforçait le système immunitaire du patient Covid encore en soins intensifs. La recherche évitait toute logique de médecine de postulat proclamant très tôt l'efficacité d'un médicament pour guérir le Coronavirus. Alors que d'autres médicaments non validés guérissaient complètement la maladie. La prudence de la médecine quant à proclamer la victoire contre la pathologie s'expliquait par la confirmation des résultats issues des études commandées. À cela s'ajoutait le respect des protocoles de travail approuvés par l'Organisation mondiale de la santé. Car la recherche des vaccins indispensables à sauver des vies, soulager la souffrance des patients, atténuer l'affliction des familles ne se confondait pas à la demande du marché. Les bons investissements réalisés par les groupes pharmaceutiques appelaient un retour de bénéfices. La règle classique du marché traduisant pour l'essentiel l'envie du gain, du profit personnel. Ou encore la satisfaction des risques pris pour accroître les bonnes affaires des lobbies industriels et pharmaceutiques. Ces gros lobbies exerçaient une forte influence sur les cercles de décisions politiques. Ces puissances d'argent dictaient à l'imaginaire collectif les produits à consommer, vendaient des vaccins fabriqués à partir des nouvelles molécules. La contre partie d'importants investissements réalisés en amont par les lobbies industriels et pharmaceutiques. Puissants, les groupes industriels vantaient leurs prouesses dans un monde moderne, réalisaient d'énormes bénéfices. Leur retour de capital quintuplait.

L'autre enjeu à côté, l'économie et la finance internationale. Les prédateurs de la richesse mondiale n'étaient pas loin. Ils accaparaient à eux seuls, plus de la moitié de la richesse mondiale. Ils se remarquaient par leurs usines en Asie du sud est, en Inde, en Turquie, en Europe de l'est. Leur avis freinait parfois les bonnes intentions. Leur opinion primait sur les efforts fournis par d'acteurs désintéressés, fidèles à l'éthique et à un dessein collectif moins inégalitaire.

Enfin, les autorités françaises imaginaient des cas de déconfinement progressif des populations suivant les régions du monde. Lentement, la reprise des habitudes pour les millions de gens se précisaient. Les sorties, les loisirs, le travail s'envisageaient région par région afin d'éviter la recrudescence d'une deuxième vague de propagation du Covid-19. Ce qui gâchait les premiers efforts consentis à ralentir puis freiner la circulation du virus. Quoique justifiée, la crainte d'une deuxième vague traduisait le type de société à laquelle nous appartenions. Les générations actuelles n'avaient pas connues de drames historiques. Ni la Seconde guerre mondiale, ni la crise économique mondiale de 1929, ni même tous les conflits graves qui se greffaient derrière. L'héroïsme et le patriotisme inhérent à une communauté nationale, sous régionale ou régionale d'autan s'effritaient depuis la fin du XXème siècle et le début du XXIème siècle. Et pour cause ? La mondialisation. Peu de gens se détachaient de la masse pour rouler en faveur des causes transfrontalières. Le goût du risque à travers une aventure individuelle qui profitait par la suite à la collectivité, disparaissait. Autres raisons, nous vivions de plus en plus longtemps et de plus en plus en paix. L'espérance de vie augmentait. L'Occident vivait déjà en paix depuis plus de 75 ans. La peur de l'avenir s'envisageait sous l'angle d'argent à cause des changements des modes vie, les facilités apportées par l'intrusion de l'intelligence artificielle dans le travail, les déplacements en avion, en voiture, en train. La robotique dans les ménages. Les améliorations de la vie quotidienne des millions de gens partout dans le monde.

L'espoir du déconfinement relâchait la pression. Je donnais moins de nouvelles à Wils Grâce. La parisienne se sentait négligée. En réalité, j'étais occupé à faire l'anniversaire de mon plus petit. Le 18 avril, mon fils avait cinq ans. Impossible de reporter la fête d'anniversaire. Faire la fête à la maison pour nos enfants à ces moments d'existence au cours de l'année intégrait nos rituels en famille. D'autant que la joie de la fête d'anniversaire s'exprimait une fois l'année. Je retournais donc à Fontenay-sous-Bois marquer le coup de la fête avec Jovéna, la mère de mes enfants.

— Papa, est-ce que je peux inviter Kaïron ? me priait mon petit garçon.

— Qui est Kaïron ?

— Mon copain de classe. Il m'a déjà invité à son anniversaire. Moi aussi, j'aimerais qu'il vienne à mon anniversaire à la maison.

— Non, ce n'est pas possible. Il n'y a pas de copains de classe qui viennent, lui expliquait sa maman. Pas même mamy ne vient faire la fête avec nous à la maison. Parce que tout le monde reste chez soi. C'est le confinement.

— Parce qu'il y a le Coronavirus ?

— Oui, mon pouponnet.

— Parce que le Coronavirus n'est pas terminé.

— C'est exact.

— Bravo, mon pouponnet. Tu comprends bien les choses, félicitait Jovéna : maman te fais un gâteau d'anniversaire. Maman te prépare un bon gâteau avec des billes multicolores.

— Cinq billes multicoles. Parce qu'il a cinq ans, commentait Yaël.

— Je veux un quatre quarts, réclamait le petit.

— D'accord. Maman te ramène un quatre quarts. Mais tu ne peux pas le ramener à l'école et partager avec tes camarades de classe.

— Parce que le Coronavirus n'est pas terminé.

— C'est exact.

Du coup, Jovéna me dictait la liste des courses à faire pour la fête du petit. J'exécutais. Je courais au supermarché chercher un gâteau pour mon fils. D'autres accessoires aussi. Contre toute attente, il n'y avait plus des bougies d'anniversaire, des ballons colorés, des sifflets au bruit de pet comme les adoraient mes enfants. Cette année, l'anniversaire de mon fils se passait sans décoration particulière à la maison. Au rayon droguerie, les étagères étaient vidés. Le magasin anticipait sur ses inventaires pour remplacer avec de nouveaux produits dès la reprise. Je me contentais d'une barre quatre quarts et d'un lot de bougies argentées pour illuminer la journée de mon fils, en complément des premières courses faites par Jovéna la veille. Pour ajouter de l'effervescence à ce moment spécial pour son fils, Jovéna avait apprêté deux bouteilles de vin effervescent, plus une bouteille de champagne pour enfant. À la maison, nous fêtions au balcon sous un éclat printanier. Le bout du ciel bleu nous apportait un instant de bonheur. Tous les quatre, nous marquions le coup, renouvelions nos voeux pour la famille. Nous nous retrouvions. Nous formions à nouveau une famille dont les membres se soudaient les uns aux autres. À l'aide de son smartphone, Jovéna réalisait des vidéos qu'elle partageait à sa maman, à ses soeurs, à son frère. Dans son écran de smartphone, ils chantaient joyeux anniversaire à l'adresse de mon autre fils, le benjamin. Ils promettaient passer lui apporter ses cadeaux dès le dé-confinement. Ainsi, ils parlaient à l'heureux garçon, le félicitaient pour ses cinq ans.

Ignorée, la parisienne disposait d'une arme pour me confondre : Wils Grâce gérait ma plateforme informatique conçue pour mon projet social et culturel. La professionnelle fouinait dans mes conversations électroniques, découvraient mes échanges que j'avais eus avec certains contacts et clients. Ainsi décryptait-elle mes discussions avec Claimelle. Certaines discussions revêtaient un caractère intime.

D'autres transparaissaient une nature purement professionnelle ou amicale. Aucune trace laissée par Ma'tidisel dans mon ordinateur. Car avec l'haïtienne, nous nous téléphonions directement. De plus, rien ne concluait ma relation avec la caribéenne. Nul doute que Wils Grâce s'arrêtait sur le premier type de mes discussions. Elle disposait des preuves accablantes contre moi.

En apprenant ma relation avec la nîmoise, Wils Grâce était folle de rage. J'étais trahi par ma page de réseau social dont je lui avait confié le mot de passe. Douée dans la manipulation des outils numériques et le décryptage des publications interactives, Wils Grâce m'aidait beaucoup dans mon projet. J'avais réussi à la faire entrer dans le cercle des contacts de France pour le compte de la députée maire de Kintélé. Les deux dames se parlaient régulièrement au téléphone. Elles s'appréciaient, se prédisposaient à se rencontrer en août prochain lors de la probable arrivée à Paris de Stella Mikaella Sassou. Dans tous les cas, nous envisagions rattraper l'ensemble de nos plans pour le club d'amis que nous formions. Des projets personnels aux actions à partager. Chacun apportait selon son rang social, ses compétences, ses moyens. Je facilitais le contact entre les deux dames tout en veillant à ce qu'il n'eut pas de clash entre elles. Car dans les milieux de pouvoir comme les milieux d’affaires, les femmes se détestaient souvent. Parfois, elles se livraient des batailles féroces. Stella Mikaella Sassou m'avait mis au courant d'une amie qui, nommée à la direction des Arts et des Lettres au ministère congolais de la Culture, l'évitait quelques mois seulement après sa prise de fonctions. Nous étions en août 2017 juste après la victoire de la majorité présidentielle aux élections générales. Mireille Opa jouait ses propres partitions pour exceller à son poste. Madame la directrice sapait les démarches que je présentais au ministère de la Culture et des Arts. La patronne des livres jugait mes propositions trop élaborées pour qu'elles furent traitées par les services du département. Le type de gène africaine hostile au progrès, à l'évolution. La raison à cette défiance, le conformisme social, idéologique invétéré. Surnommée par l'opinion congolaise " madame livre ", Mireille Opa était pressentie à la tête du ministère de la Culture et des Arts au prochain remaniement gouvernemental. Par conséquent, il lui paraissait normal de fondre son armure, arrêter de jouer les dos ronds. La dureté des épreuves subies dans les milieux du pouvoir façonnaient son personnage. Mireille Opa s'était transformée. Nous admirions son parcours, son courage. Ses compétences au ministère forçait l'estime. Derrière son sourire angélique se cachait une dure à cuir. Mireille Opa nourrissait quelques ambitions. Chose un peu normale pour une femme qui avait fait ses âmes au cabinet du même ministère quelques années plus tôt. Forgée aux soumissions et aux compromissions, à avaler les couleuvres, Mireille Opa avait rendu de loyaux services au département dont elle connaissait parfaitement les rouages. Seulement voilà : la tristesse tombait avec son éviction trois ans plus tard à la direction des Arts et des Lettres, en juillet 2020. Avec Stella Mikaella Sassou, nous veillions à ce que Wils Grâce ne tombât dans de tels travers.

Un bout de ciel bleu apparaissait sous les éclats printaniers. Le mercure montait légèrement au-dessus de la moyenne de saison. Claimellle m'annonçait qu'elle descendait à Paris voir sa fille. Je me préparais à aller la chercher à Paris gare de Lyon. J'apprêtais ma voiture. Le schéma par lequel commençait notre idylle. Cette fois, le schéma inverse. La passion d'amour résistait à l'angoisse provoquée par le Covid-19. Avec Claimelle, nous nous continuions à nous parler au téléphone. Nous apprenions à connaître nos valeurs, nos capacités à être disponibles l'un pour l'autre. Nous nous disposions à apporter cette part de bonheur à l'autre. Bref, nous nous aimions. Nous nous comprenions confinés. Nous nous aimions pour ce que nous étions confinés à l'intérieur de nos maisons, l'un loin de l'autre. Donc, empêchés de sortir et nous voir. La psychose due au confinement ne nous décourageait pas. Nous placions beaucoup d'espoir à notre relation. Nous croyions vivre physiquement notre relation après une fois l'épreuve terminée. L'agitation des sentiments évacuait le stress, effaçait l'angoisse du confinement.

Après la pâques, le mercure se stabilisait par rapport aux températures moyennes de saison. Le ciel se dégageait quasiment tous les jours. Beaucoup de soleil dehors. La tentation de sortir, profiter du beau temps qui habillait la vie à l'extérieur. Beaucoup de relâchement aussi constaté chez les parisiens qui sortaient de plus en plus nombreux prendre l'air. Mais les autorités rappelaient la nécessité de ne pas baisser la garde un peu trop vite. Même si les efforts collectifs consentis en respectant les mesures du confinement et les gestes barrières au cours des déplacements prouvaient leur efficacité. La fin de la pente de crête en observant la courbe de circulation du Covid-19 donnait espoir. Les hôpitaux publiaient les premières chutes des admissions des personnes en lien avec le Coronavirus. Réduisant considérablement le nombre de morts à l'hôpital et dans les centres médico-sociaux. Le nombre des patients en réanimation descendait sous la barre de cinq mille. En moyenne, 561 lits occupés en moins. Contre 155 lits libérés aux nouveaux patients. La dernière semaine du mois d'avril notait une diminution successive du taux d'admissions aux urgences et aux services de soins intensifs. La courbe de la descente de l'épidémie s'amorçait. L'espoir du déconfinement paraissait nettement. Après pâques, 1237 décès en moins par rapport au mois de mars. La réalité d'un plateau épidémiologique se précisait. Environ, 5,7 % des cas positifs en France. L'équivalent de 3,6 millions de personnes dont 2,6 % présentant des risques d'hospitalisation. Quant à la mortalité hospitalière et les indications relevées des centres médico-sociaux en lien avec le Coronavirus, le taux d'incidence de la maladie s'amoindrissait de l'ordre de 0,5 %. À Marseille, les spécialistes des maladies infectieuses et le centre d'études affilié à l'hôpital universitaire de Marseille annonçaient un net recul du Coronavirus. Reconnaissant néanmoins qu'il demeurait dangereux parce que le Covid-19 s'adaptait à différents environnements qu'il pénétrait. En fait à Marseille, le virus jouait un peu sa survie. D'autant que la chaleur provoquée par les montées des températures au printemps et, visiblement en été, accéléraient la disparition du virus dans l'air. Mesurant leurs décisions, les autorités prolongeaient à nouveau le confinement stricte de la population jusqu'au 11 mai. À compter de cette date, l'activité reprenait, les écoles et les crèches rouvraient. Les enfants représentaient un faible taux de transmission de la maladie. Les enfants étaient moins à risques, moins malades, donc moins hospitalisés. Leur système imminuataire rejetait avec virulence le Covid-19. Les gens repartaient au travail. Seuls restaient fermés, les bars et les restaurants, les lieux de cultes et de rassemblements de plusieurs groupes de personnes, les festivals, les salles de cinéma. Quelques mois plus tard, en début juillet, les établissements touristiques, ls restaurants bars et les cinémas étaient à nouveau autorisés à ouvrir au public.

Claimelle jubilait de constater ces signes positifs du futur. Sa foi en notre relation rapportait. Ses vieux rêves qu'elle faisait à propos de notre amour étaient de bons rêves. Pas si sûr qu'elle ne les réalisait tous, une fois en couple avec moi. Néanmoins, Claimelle était heureuse de les avoir eus. À présent, j'attendais Claimelle à Paris pour reprendre notre idylle là où elle s'était arrêtée. J'avais hâte de rattraper ce temps d'arrêt imposé par le Covid. Dorénavant, Claimelle chantait mon nom sous tous les tons. Même les démons le répandaient pour l'éternité. Parce que notre amour augurait la gloire par l'accomplissement de quelque chose comme une promesse naturelle, voire sacrée.

Printed by Books on Demand GmbH, Norderstedt / Germany